AF237360

Aufbruch im Glauben

mit Papst Johannes XXIII.

Siegfried Hübner

Impressum:

Aufbruch im Glauben mit Papst Johannes XXIII.

von Siegfried Hübner

ISBN-Nr.:978-3-754341-22-3

Neuauflage vom 1. September 2021

(Hrsg.) V.i.S.P:

Prof. em. Dr. Franz Georg Friemel

Herstellung und Verlag: BoD - Books on Demand, Norderstedt

Coverfoto: www.konzilsvaeter.de mit freundlicher Genehmigung
von Herrn Conrad Berning

„Ich bin Josef, euer Bruder"

Papst Johannes XXIII.

Vorwort

Auf den folgenden Seiten habe ich aufgeschrieben, wie ich die Bitte unserer Pfarrgemeinde St. Kunigunde zu Pirna erfüllen wollte, ihren Einkehrtag zur Vorbereitung auf das Osterfest am 24.2.2007 zu halten, für diejenigen, die das Gehörte noch einmal nachzulesen wünschten, und für andere, die gern an diesem Einkehrtag teilgenommen hätten.

Unsere Gemeinde gehört zu denen, die der Einladung unseres Bischofs Joachim Reinelt zu einem „Aufbruch der Gemeinden" folgen wollen.

Wenn wir heute in unserer Kirche an einen Aufbruch im Glauben und im Leben denken können, so verdanken wir das jenem Aufbruch, der vor (inzwischen 60 Jahren) im II. Vatikanischen Konzil (1962-65) begonnen hat. Die Erneuerung, um die es damals ging und die uns noch heute aufgegeben ist, können wir aber nur recht verstehen, wenn wir auf den Papst zurück blicken, der dieses Konzil einberufen hat und mit ihm die Kirche so in Bewegung bringen wollte, wie er es unter den „Zeichen der Zeit" für notwendig hielt. Aus den Berichten, die aus Gemeinden zu hören sind, die sich heute um einen „Aufbruch" bemühen, geht hervor, dass die Anläufe, die dazu gemacht werden, stets zu der Frage führen: Was will Gott heute von uns?

Auf diese Frage wollte ich eingehen, und daraus haben sich die Themen der Vorträge ergeben: über Papst Johannes XXIII. als Initiator des Konzils, über einige Ergebnisse des Konzils und über unsere heute wohl wichtigste Aufgabe als Christen.

Zu einigen Abschnitten waren meine Notizen etwas ausführlicher, als ich sie mündlich vortragen konnte. Eine Reihe von Ergänzungen und die Nachweise für die zitierten Texte habe ich als „Anmerkungen" den Vorträgen hinzugefügt.

Die Verweise auf Schriftstellen und Konzilstexte sind - wie es üblich ist - in den Text eingefügt.

Berggießhübel, am 27.6.2007, Siegfried Hübner

Inhalt

Die Vision des Papstes Johannes XXIII. zum Aufbruch der Kirche

Im Oktober 1958 war Papst Pius XII. im Alter von 82 Jahren gestorben.

Er hatte fast 20 Jahre als ein „großer" Papst der Kirche vorgestanden. Wer sollte nun sein Nachfolger werden? In dem arg zusammengeschrumpften überalterten Wahlgremium war niemand, auf den man sich schnell einigen konnte. Es gab ein langes Tauziehen.

Im 11. Wahlgang wurde ein Kandidat gewählt, der fast so alt war wie der verstorbene Papst, fast 77 Jahre: der Patriarch von Venedig Angelo Roncalli. In der kirchlichen Öffentlichkeit war er wenig bekannt. Als päpstlicher Diplomat hatte er in Bulgarien, in der Türkei und in Griechenland, zuletzt in Frankreich gewirkt, bis er schließlich zum Bischof einer bedeutenden Ortskirche berufen wurde.

Warum er auf seine alten Tage noch das päpstliche Amt übernehmen sollte, war kein Geheimnis: Er sollte nur eine kurze Amtszeit haben, also ein „Übergangspapst"[1] sein.

So war man schon früher in ähnlichen Fällen verfahren. Nach einem hervorragenden Pontifikat hielt man es für angebracht, im Leben der Kirche so etwas wie eine Atempause eintreten zu lassen, ehe wieder ein der Bedeutung des Verstorbenen entsprechender Nachfolger die Zügel ergreifen könnte.

Dazu kam, dass damals auch schon festzustehen schien, wer dieser „eigentliche" Nachfolger sein würde: Giovanni Battista Montini, damals Erzbischof von Mailand[2].

Er hatte Jahrzehnte lang in der vatikanischen Kirchenleitung mitgearbeitet und galt deshalb so wie kein anderer dafür als geeignet. Zur Zeit des Konklaves war er aber noch nicht Kardinal. Deshalb meinten die meisten Kardinäle, ihn noch nicht wählen zu können.

Angelo Roncalli war sich der ihm zugedachten Rolle bewusst. Er nahm den Namen „Johannes"[3] an und begründete das unter anderem damit, dass dieser Name bisher von der längsten Reihe von Päpsten getragen worden sei - zweiundzwanzig trugen diesen Namen, nicht mitgezählt ein dreiundzwanzigster, dessen Rechtmäßigkeit umstritten war. Hinter denen wolle er seinen eigenen Namen verbergen. Viele von ihnen hätten ein kurzes Pontifikat gehabt. Unausgesprochen gab er aber mit dieser eigenwilligen Namenswahl zu erkennen, dass er nicht daran dachte, nur in die vorgezeichneten Bahnen seiner unmittelbaren Vorgänger einzutreten.

Die überraschende Ankündigung eines Konzils

Schon nach wenigen Wochen setzte der neue Papst die Kirche und die Welt in Erstaunen durch eine überraschende Ankündigung.

Er werde, so gab er vor einigen Kardinälen - „zitternd, aber zugleich mit demütiger Entschlossenheit"[4] - bekannt, ein Ökumenisches Konzil einberufen.

Der Zeitpunkt, an dem das geschah, verriet schon etwas von seinen Beweggründen: Diese Ankündigung geschah nämlich nach einem Gottesdienst zum Abschluss der Weltgebetsoktav für die Wiedervereinigung der getrennten Christen am 25. Januar 1959 in der Kirche St. Paul vor den Mauern in Rom.

Wir können uns heute kaum noch vorstellen, wie sensationell diese Ankündigung damals wirkte. Die Kardinäle, die sie als erste hörten, waren wie gelähmt.

Der Papst selbst berichtet im Rückblick, wie enttäuscht er das wahrgenommen habe:

Menschlich habe er erwartet, sie würden sich um ihn scharen und Zustimmung und gute Wünsche zum Ausdruck bringen. Stattdessen hätte es „ein frommes und eindrucksvolles Schweigen"[5] gegeben. Auch andere, die sich später als hervorragende Mitstreiter für seine Ziele bewährten, äußerten zunächst Unverständnis und Bestürzung. Kardinal Lercaro aus Bologna, später einer der Bahnbrecher für die im Konzil beschlossene Liturgiereform, hielt den Plan des Papstes für „vorschnell und impulsiv" und führte ihn auf dessen „Unerfahrenheit und Mangel an Bildung" zurück. Erzbischof Montini - als Papst Paul VI. später sein Nachfolger - rief noch am selben Abend einen Freund, den Oratorianer Giulio Bevilacqua in Brescia, an: „Dieser heilige alte Knabe scheint nicht zu merken, in was für ein Hornissennest er da sticht!" Sein Freund beruhigte ihn:

„Keine Sorge, Don Battista, lassen Sie das nur gehen! Der Heilige Geist ist noch wach in der Kirche."

Der „Osservatore Romano", die offizielle Zeitung des Vatikans, sonst übereifrig in der täglichen Hofberichterstattung, blieb seinen Lesern den Text der Ansprache des Papstes schuldig. Dazu stellte später ein Berichterstatter fest:

„So begann der Prozess, das Konzil herunterzuspielen, noch am selben Tag, an dem es angekündigt wurde".[6.]

Solche Reaktionen waren verständlich.

Denn was sich der Papst damit für seine kurze Amtszeit vornahm, war etwas ganz Außerordentliches im Ablauf des Lebens der Kirche, für das es zum damaligen Zeitpunkt nach weit verbreiteter Ansicht gar keinen Grund gab.

Ein Ökumenisches Konzil ist - nach dem Glauben und den rechtlichen Regelungen unserer katholischen Kirche - eine „Vollversammlung" aller Bischöfe, die gemeinsam in ihren Beratungen und Beschlüssen die „höchste und volle Leitungsgewalt über die Gesamtkirche" ausüben[7].

Damals zählte man in der bisherigen Geschichte der Kirche zwanzig solcher Bischofsversammlungen.

Es waren also seltene „Jahrhundertereignisse", meist durch drängende Probleme oder Gefährdungen des Glaubens veranlasst.

So sollte nach der Reformation das Konzil von Trient die strittigen Fragen klären und das Leben der Kirche wieder in geordnete und beruhigte Bahnen lenken.

Das letzte Konzil, auf das damals zurück-geblickt wurde, das 1. Vatikanische Konzil (1869/70), hatte die Vorrechte, die nach dem Glauben unserer Kirche dem Bischof von Rom zuzuerkennen sind, als Glaubenssätze („Dogmen") „definiert", seine Leitungsgewalt über die Kirche und die ihm zukommende Möglichkeit, Fragen des Glaubens letztverbindlich („unfehlbar") zu entscheiden[8].

Seitdem hatte sich in der Kirche die Auffassung durchgesetzt, ein so aufwändiges und umständliches Unternehmen wie ein Konzil sei nicht mehr notwendig und werde in Zukunft nicht mehr stattfinden[9].

Zu einem „Sprung nach vorn" in der Kirche

Was hat den Papst zu seinem überraschenden Entschluss bewegt? Darüber kann nach allem, was er selbst dazu geäußert hat, nicht der geringste Zweifel bestehen: Er war davon überzeugt, dass zwischen der Kirche und der heutigen Menschheit eine Kluft entstanden ist[10].

Die Kirche sei hinter Entwicklungen zurückgeblieben, die in der Menschheit schon seit langem vor sich gehen. Sie sei in der Welt von heute eine Kirche „von gestern". Deshalb stehe sie vor der Aufgabe, in einer großen Anstrengung, in einem „Sprung nach vorn" - wie er sagte - wieder Anschluss an die Gegenwart zu gewinnen. Dies sei umso dringender, als sich die Menschheit im Übergang zu einer ganz neuen Epoche ihrer Geschichte befinde.

Der Papst bezeichnete diese Aufgabe mit dem italienischen Wort „Aggiornamento"[11]. Das heißt: „etwas auf den heutigen Tag" bringen, für die Kirche also „sich verheutigen".

Er sprach auch davon, die Kirche müsse sich der heutigen Welt „anpassen", sich „modernisieren", was sofort auch Missverständnissen ausgesetzt war.

Vielfach wurde unter „Aggiornamento" dasselbe verstanden, was in der Kirche schon oft als „Reform" oder „Erneuerung" gefordert worden war. Der Papst dachte dabei aber an eine viel größere Aufgabe: an eine neue „Inkulturation" des christlichen Glaubens in die heutige Menschheit.

Das verlange ein neues radikales Eintauchen in den überlieferten Glauben mit dem Ziel, das christliche Denken und Leben im Geist der Freundschaft mit den Menschen so zu erneuern, dass die Kirche befähigt würde, dem heutigen Menschen das Evangelium zu vermitteln.

Sie müsse sich deshalb befreien von Verkrustungen, die sich im Lauf der Jahrhunderte angelagert haben.

Dazu sei es notwendig, kritisch zu unterscheiden zwischen der „Substanz", dem Wesentlichen christlichen Denkens und Lebens, und dem, was auf veränderliche Zeitbedingungen zurückzuführen ist.

Mit seiner Entscheidung, ein Konzil einzuberufen und ihm diese „Hauptaufgabe" zu stellen, widersprach er der herrschenden Meinung, ein Papst allein könne die Kirche regieren.

Dafür brauche er nur seine eigene Verwaltungs-
behörde, die Römische Kurie.

Die Aufgabe, die der Papst im Blick hatte, hielt er für
so groß, dass dafür alle Energien der ganzen Kirche
mobilisiert werden müssten. Deshalb erwartete er
von den Bischöfen, die zum Konzil zusammenkä-
men, sie würden dort den ganzen „blühenden
Lebensreichtum" ihrer Ortskirchen einbringen[12].

Papst Johannes bewegte dabei auch die Frage, wie
die Spaltung in der Christenheit überwunden
werden kann.

Die „Rückkehr der Einheit", wie er gern formu-
lierte, war ihm schon längst ein Herzensanliegen[13].
Bei der Ankündigung des Konzils hat er das so
deutlich zum Ausdruck gebracht, dass daraus das
Missverständnis entstehen konnte, es ginge ihm gar
nicht nur um ein „katholisches", sondern um ein
„ökumenisches" Konzil in dem Sinn, wie heute das
Wort „ökumenisch" in der Christenheit gebraucht
wird, um ein gesamtchristliches „Unions-Konzil".

In seiner Ansprache hatte er nämlich gesagt, das
kommende Konzil solle eine „freundliche und
erneute Einladung an die Gläubigen der getrennten
Kirchen" sein, „mit uns an diesem Gastmahl der
Gnade und der Brüderlichkeit teilzunehmen"[14]. Und
wenige Tage danach hatte er erklärt: „Wir wollen
keinen historischen Prozess aufziehen[15].

Wir wollen nicht aufzuzeigen suchen, wer recht und wer unrecht hatte. Die Verantwortung ist geteilt. Wir wollen nur sagen: Kommen wir zusammen, machen wir den Spaltungen ein Ende!"

Die Hoffnungen, die solche Worte auslösen konnten, wurden schnell - von den vatikanischen Behörden und auch vom Papst selbst - enttäuscht.

Das kommende Ökumenische Konzil werde nur ein Konzil der katholischen Kirche sein.

Das sei schon deshalb notwendig - so begründete das der Papst -, weil zuerst unsere eigene Kirche das „Aggiornamento" leisten müsse, ehe sie sich mit Aussicht auf Erfolg „Anderen" zuwenden könne.

Es ging ihm dabei um eine solche Veränderung des Erscheinungsbildes unserer Kirche, dass sie dann nur noch dazu auffordern brauche: „Seht, was die Kirche ist, was sie tut, wie sie aussieht".

Von ökumenischen Beteuerungen und Bemühungen, die diese Aufgabe, die wir selbst zu leisten haben, vergessen, hielt er nichts.

Unverblümt sprach er das aus: „Heute, das ist klar, ist es unmöglich und vergeblich, Diskussionen ohne Ende anzufangen, die zu nichts führen würden." Er hat aber dafür gesorgt, dass - erstmalig - zum Konzil Vertreter anderer Kirchen als Beobachter zugelassen wurden und nicht nur bevorzugte Plätze im

Petersdom erhielten, sondern auch die Beratungen und Beschlüsse des Konzils mit beeinflussen konnten[16].

Aufbrechen im gewohnten Glauben

Wie ist der Papst zu der Einsicht gekommen, die ihn veranlasste, das Signal zu einem großen Aufbruch in der Kirche zu geben?

Mehrfach äußerte er, das verdanke er einer „Eingebung"[17], für die er verschiedene Situationen nannte, unter anderem auch die Gebete für die Einheit der Christen, nach denen er spontan das Konzil angekündigt habe.

Später hat er aber abgelehnt, sich auf besondere Eingebungen zu berufen. Er hielte sich lieber an den verlässlichen Satz: „Alles kommt von Gott."

Gehen wir dieser Frage im Rückblick auf seinen Lebensweg nach, dann können wir leicht etwas entdecken, was für unsere Besinnung wichtig ist: Quelle seiner Einsichten und Entschlüsse war nichts anderes als ein lebendiger christlicher Glaube, wie er auch uns allen aufgegeben und möglich ist. In ihm ist er ein Leben lang gewachsen und gereift und musste sich darin Schritt für Schritt weiterführen lassen, auch dann noch, als er Papst geworden war und das Konzil einberufen hatte, ohne zu wissen, wie es im einzelnen die Hauptaufgabe, die er erkannt hatte, erfüllen könnte.

Er war, wie viele von uns, in ein „traditionelles" Christentum hinein geboren worden und darin aufgewachsen. Aber er nahm wohl die Wirklichkeit, durch die er geführt wurde, etwas anders wahr, als wir es gewohnt sind. Vor allem versuchte er in jeder Situation und unter allen Umständen, die Wahrheit, die er im Glauben erkannte, auch wirklich zu tun.

So kann er uns zum Vorbild werden für das, worauf es ankommt, wenn wir heute Christen und christliche Gemeinde „im Aufbruch" sein wollen. Wir können den Weg, den er im Glauben gegangen ist, gut verfolgen, weil er - wohl ein einzigartiger Fall in der Papstgeschichte - von früher Jugend an bis zum Ende seines Lebens ein geistliches Tagebuch geführt hat[18].

Auch hat er anderen gegenüber ungewöhnlich offen bekannt, wie er seinen Glauben verstanden und gelebt hat. Auf einige Grundzüge seiner „Spiritualität" ist etwas ausführlicher einzugehen.

Gott - „Horizont voller Geheimnis und geistiger Faszination"

Da ist zuerst ein Bekenntnis zu bedenken, das sich wie ein roter Faden ein ganzes Leben lang in allen Erwägungen, die er anstellt, durchhält:

Er habe nie etwas anderes gesucht und gewollt, als den Willen Gottes zu tun[19].

Es ist gewiss nicht selbstverständlich, dass ein Christ das von sich sagen kann. Aber was fällt uns ein zu einer solchen geläufigen „frommen" Formel?

Angelo Roncalli hat schon früh gelernt, sie in ihrer abgründigen Tiefe zu verstehen. Während der Exerzitien, die er als Zwanzigjähriger nach der Rückkehr aus dem Militärdienst machte, gab ihm sein geistlicher Begleiter einen Leitsatz mit auf den Weg: „Gott ist alles: ich bin nichts"[20].

Den schrieb er sich auf und hat ihn nie vergessen. Er bemerkte dazu: „Dies wurde ein Prüfstein, der mir einen neuen, unerforschten Horizont enthüllte, voller Geheimnis und geis-tiger Faszination."

Er verstand diesen Prüfstein als Weisung, alles, sich selbst und alles, was er erlebte, als „relativ" zu betrachten, als zu beziehen auf Gott, und zwar auf Gott als faszinierendes Geheimnis.

Das hat er auch nicht vergessen, als er Papst wurde. Vergleichen wir Angelo Roncalli mit seinem späteren Nachfolger Karol Wojtyla, dem Papst aus Polen, so zeigt sich ein beträchtlicher Unterschied darin, wie beide ihr Amt verstanden haben[21].

Karol Woityła war der Meinung, wenn Gott ihn in dieses Amt berufe, dann solle er alles, was er in dieses Amt mitbringe, sein eigenes Verständnis des Glaubens aus seinen persönlichen Erfahrungen, „universalisieren", also zum Maßstab für die ganze Kirche machen.

Angelo Roncalli empfand sich, nach seiner Wahl als „ein leerer Sack, den der Heilige Geist unversehens mit Kraft füllt". Karol Woityła konnte sich nicht vorstellen, dass es für einen Papst, der zurückträte, noch einen Platz auf dieser Erde gäbe. Angelo Roncalli äußerte sich nach seiner Wahl ganz anders: Wenn ihm die Kardinäle zu verstehen gäben, er solle wohl doch lieber nach Venedig zurückkehren, dann würde er sofort zurücktreten. Karol Woityła hätte nach eigenem Eingeständnis gern ein „Dogma" verkündet.

Er hat, auch ohne das „unfehlbare Lehramt" ausdrücklich auszuüben, seinen Äußerungen als Papst eine Verbindlichkeit zugeschrieben, die sie nach den kirchenamtlichen und theologischen Regeln, die dafür gelten, gar nicht haben können, z.B. als er „endgültig" verbieten wollte, weiter über die Frage nachzudenken, ob auch Frauen die Priesterweihe empfangen könnten.

Angelo Roncalli hat, auf sein „unfehlbares Lehramt" angesprochen, darauf verwiesen, dass davon nur die Rede sein könne, wenn ein Papst „ex cathedra" spricht, und dann kurz und bündig erklärt: „Ich werde nie ex cathedra sprechen."

„Zeichen der Zeit" - Zeichen des Willens Gottes

Wie erkannte Angelo Roncalli den Willen Gottes? - Er suchte und fand ihn zunächst wie jeder Christ im Wort Gottes, wie es in der Heiligen Schrift enthalten ist und in der Kirche verkündet wird.

Aber er lernte darüber hinaus zu verstehen, wie Gott auch in den geschichtlichen Fügungen unseres Lebens und im Leben der ganzen Menschheit seinen Willen kundtut. Mit den Augen des Glaubens nahm er die menschliche Geschichte als „Heilsgeschichte" wahr, immer gesteuert von Gott, und letztlich immer zum Heil der Menschen, auch in allen verhängnisvollen Vorgängen, sogar noch in solchen, bei denen wir uns weigern wollen, ihren tiefsten Grund in Gott zu suchen.

Deshalb übte er sich ein Leben lang darin, nach den „Zeichen der Zeit"[22] als Zeichen des Willens Gottes zu fragen. Das zeigte sich schon, als er 1935 als päpstlicher Delegat nach Istanbul geschickt wurde[23].

Er erlebte dort eine für ihn ganz fremde Welt: die „trostlosen Ruinen des orthodoxen Christentums", die „geheimnisvolle Welt des Islam", darin die verschwindende Anzahl von nicht einmal 1% katholischer Christen, deren Bischof er war, und dazu noch die religionsfeindlichen Bestrebungen der Türkei, Anschluss an die modernen „säkularistischen" Entwicklungen in der westlichen Welt zu gewinnen.

Es war ihm untersagt, priesterliche Kleidung zu tragen. Sein Status als päpstlicher Gesandter war nicht anerkannt. Wie würden wohl wir alle aus unserer gewohnten christlichen Sicht der Dinge das empfinden?

Angelo Roncalli aber lernt, wie er selbst berichtet, die Probleme der Zukunft der Kirche „in einer völlig anderen und sehr interessanten Perspektive" zu sehen, er ahnt, dass die Richtung der sich abzeichnenden Entwicklungen „in Gottes Hand" liegt, und er erkennt darin die Herausforderung an uns Christen, an der Entstehung dieser „ganz neuen Welt" mitzuwirken. Er stößt dabei allerdings auch schon damals auf den Widerspruch „engstirniger Katholiken"[24], die das nicht verstehen können.

In seiner Ansprache zur Eröffnung des Konzils schärfte der Papst den Zuhörern ein, wie ein Christ alles, was geschieht, auf Gott als tiefsten Grund aller Dinge und Ereignisse durchschauen muss. Hier fielen die Worte, unter denen es im Petersdom still wurde und sich viele Blicke seinen engsten Mitarbeitern zuwandten: „In der täglichen Ausübung unseres Hirtenamtes verletzt es uns, wenn wir manchmal Vorhaltungen von Leuten anhören müssen, die zwar voll Eifer, aber nicht gerade mit einem großen Sinn für Differenzierung und Takt begabt sind. In der jüngsten Vergangenheit bis zur Gegenwart nehmen sie nur Missstände und Fehlentwicklungen zur Kenntnis...

Sie tun so, als ob sie nichts aus der Geschichte gelernt haben, die doch eine Lehrmeisterin des Lebens ist... Wir müssen diesen Unglückspropheten widersprechen, die immer nur Unheil voraussagen, als ob der Untergang der Welt unmittelbar bevorstehen würde.

In der gegenwärtigen Situation werden wir von der göttlichen Vorsehung zu einer allmählichen Neuordnung der menschlichen Beziehungen geführt.

Sie wirkt mit den Menschen zusammen; aber sie verfolgt über deren Erwartungen hinaus ihren eigenen Plan. Alles, sogar was die Menschen dagegen tun, wendet sie zu dem, was für die Kirche das bessere ist."[25]

Anfangen, „das Evangelium besser zu verstehen"

Angelo Roncalli verwies gern auf die „Substanz" christlichen Glaubens. Was meinte er damit?

Auch hierzu ist festzustellen, wie früh er erkannt hat, dass es für heutige Christen notwendig wird, herauszufinden und sich an das zu halten, was

„wesentlich" im christlichen Glauben und Leben ist. Die Frage danach war ihm daran aufgegangen, wie man ihn angeleitet hatte, die Heiligen als Vorbilder zu betrachten.

„Das System ist falsch!", notierte er schon 1903 in sein Tagebuch[26]. „Von den Tugenden der Heiligen muss ich die Substanz und nicht die Akzidentien", d.h. alles, was dem gegenüber zweitrangig ist, „übernehmen".

Gott will, dass wir deren „lebendigen Saft" in uns „einsaugen, ihn in unser Blut umwandeln", ihn unseren eigenen Lebensumständen „anpassen". In der Vorbereitung auf das Konzil rief er dazu auf, sich zu besinnen auf „das Wesentliche des christlichen Denkens und Lebens", auf den „heiligen Ursprung der Kirche", ihr „ewiges Evangelium"[27]. Um diese „Substanz" ging es ihm auch, als er am Beginn des Konzils zu einem „Sprung nach vorn" aufforderte, der „einem vertieften Glaubensverständnis und der Formung des Gewissens" zugute kommen sollte.

Das lässt an jenen innersten Grund des christlichen Glaubens denken, in dem ein vertieftes Glaubensverständnis und der Appell des eigenen Gewissens, die Wahrheit zu tun, als unauflösliche Einheit erfahren werden.

Er selbst hatte diesen „Sprung nach vorn" schon längst getan. Das war ihm wie von selbst dadurch gelungen, dass er das, was wir alle aus dem Evangelium als „das größte Gebot" kennen, wirklich ernst genommen und beherzigt hat: die Liebe zu Gott aus ganzem Herzen und die Liebe zu den Menschen so, wie Gott uns Menschen liebt. (Mt 22,37 - 40; vgl. Mt 5,44f;48)

Im Lichte der Zeichen der Zeit hatte er erkannt, wie dieses große Gebot uns heute auffordert, gewohnte Grenzen zu überschreiten: in „uneigennütziger Liebe" auch zu „Anderen".

Diejenigen, die wir als katholische Christen als Getrennte und Fernstehende betrachten und behandeln, hat er als „Nächste" erkannt, die wir zuerst lieben sollen, ehe wir darauf ausgehen, sie für uns und unsere Überzeugung zu gewinnen. Der „Sprung nach vorn", den er in der eigenen Kirche für notwendig hielt, sollte nach seinen Vorstellungen dazu dienen, in der ganzen Welt die „Reichweite der uneigennützigen Liebe" auszudehnen[28].

Auf allen Stationen seines Weges hat er das vorgelebt. So hat er während seiner „ökumenischen Lehrzeit"[29] in den östlichen Ländern schon eingesehen, dass unsere katholische Neigung, uns von anderen Christen und noch mehr von Nichtglaubenden zu unterscheiden und abzugrenzen und in den engen Kreis unserer eigenen Tradition einzuschließen „eine falsche Logik"[30] ist.

Denn Jesus hat die Trennmauern zwischen Menschen niedergerissen, die universale Brüderlichkeit verkündet und alles auf die uneigennützige Liebe als die beherrschende Mitte ausgerichtet. Einem evangelischen Bischof, der ihn während des Konzils fragte, wie lange es noch dauern wird, bis die christliche Einheit verwirklicht würde, erwiderte er: „Mein lieber Bischof, Sie und ich haben sie bereits verwirklicht."[31] Juden, die ihn besuchten, stellte er sich vor: **„Ich bin Josef, Euer Bruder."**[32]

Er pflegte Freundschaft mit Atheisten.

Einen von ihnen bezeichnete er sogar als seinen „Lieblingsungläubigen"[33]. Einen „abgefallenen Katholiken", der Kommunist geworden war und in „wilder Ehe" lebte, betraute er zum Entsetzen seiner Umgebung im Vatikan mit künstlerischen Arbeiten am Petersdom[34].

Als es um die Frage ging, ob er der Tochter und dem Schwiegersohn des Moskauer Partei- und Staatschefs Chruschtschow eine Audienz gewähren könne, und man ihm dringend davon abriet, entgegnete er: „Ich würde mein Wort brechen und mein ganzes früheres Verhalten verurteilen, wenn ich es ablehnte, jemanden zu empfangen, der höflich und aufrichtig gebeten hat, mich zu sehen und mir eine Botschaft und ein Geschenk zu bringen."[35]

Wenige Tage vor seinem Tod hat er als ein letztes Bekenntnis seines Glaubens vor Zeugen ausgesprochen, wovon wir uns heute „zum Wohl der ganzen Welt" leiten lassen müssen:

„Mehr denn je, bestimmt mehr als in den letzten Jahrhunderten, sind wir heute darauf ausgerichtet, dem Menschen als solchem zu dienen, nicht bloß den Katholiken, darauf, in erster Linie und überall die Rechte der menschlichen Person und nicht nur diejenigen der katholischen Kirche zu verteidigen.

Die heutige Situation, die Herausforderung der letzten 50 Jahre und ein tieferes Glaubensverständnis haben uns mit neuen Realitäten konfrontiert... Nicht das Evangelium ist es, das sich verändert; nein, wir sind es, die gerade anfangen, es besser zu verstehen."[36]

Von seinem Sterbebett aus forderte er die Umstehenden auf, auf das Kreuz zu schauen: „Schaut hin, seht es, wie ich es sehe.

Diese offenen Arme sind das Programm meines Pontifikats gewesen: Sie sagen, dass Christus für alle starb, für alle.

Niemand ist ausgeschlossen aus seiner Liebe, seiner Vergebung."[37]

„... und jeder Tag ist gut zum Sterben"

Das führt zu einem Letzten, das nicht vergessen werden darf, wenn Angelo Roncalli uns zum Vorbild für ein Aufbrechen im Glauben werden soll. Er hat, wie wohl jeder Christ, von Kindheit an auf das Kreuz geschaut, auf das Bildnis eines Sterbenden. Aber er ließ sich schon sehr früh von ihm eindringlich sagen - was für einen heranwachsenden Christen nicht ganz selbstverständlich ist -, dass auch er selbst ein Sterbender ist. Er war, durch frühe Erlebnisse[38] angestoßen, von Kindheit an eingedenk seines eigenen Todes und hat bewusst auf diese Grenze hin gelebt, die zur wahren Wirklichkeit unseres Menschseins gehört.

Seit dem Heimgang eines Freundes interessierte er sich für die letzten Stunden und Worte von Sterbenden und die genaue Ankunft von „Bruder Tod"[39]. Zu seinen regelmäßigen geistlichen Übungen gehörte es, sich dieser Wirklichkeit zu stellen, nicht mit Schrecken und Zagen, sondern in einem Vertrauen, „wodurch der Mut zum Leben, der Eifer, zu arbeiten und zu dienen, erhalten bleibt"[40]. Das machte ihn frei, jeweils das Heute als einmaligen „Kairos", als von Gott gewährtes Angebot zu ergreifen.

„Jeder Tag ist gut zum Geborenwerden, und jeder Tag ist gut zum Sterben"[41], sagte er, als er in sein 82. Lebensjahr eintrat, das er nicht mehr vollenden sollte. Schon vom Tode gezeichnet, bemühte er sich, seine Enzyklika über den „Frieden in der Welt", die ihm sehr am Herzen lag, noch zu beenden und zu veröffentlichen[42]. Sein ungebrochenes Wirken in den letzten Tagen seines Lebens bezeugt einen Glauben, der ihm Kraft gab, der Vision, der er sich verpflichtet wusste und in der er weit über seine Lebenszeit hinausblickte, treu zu dienen, und zugleich damit einverstanden zu sein, die Aufgabe, die er so deutlich erkannte, selbst nicht erfüllen zu können.

Papst Johannes XXIII. ist am Pfingstmontag, dem 3.Juni 1963, gestorben. Er hat nur die erste Sitzungsperiode des von ihm einberufenen Konzils erlebt.

Danach soll er kritisch gesagt haben:

„Man redet immer noch viel zu sehr von 'an sich', statt 'für den Menschen'"[43]. Er hat sich aber gefreut, dass er das „schwere Schiff"[44] wenigstens von Stapel laufen lassen konnte. Ein anderer werde es wieder aus dem Meer zu holen haben. Er hat dabei an das Konzil gedacht.

Das ist von seinem Nachfolger Papst Paul VI. nach drei weiteren Sitzungsperioden im Jahre 1965 abgeschlossen worden.

Heute, nach 40 Jahren, können wir bei dem „schweren Schiff" auch an unsere Kirche denken, die Papst Johannes einen Aufbruch zu verdanken hat, der noch weiterzuführen ist. Fragen wir, gemessen an dem, was damals Papst Johannes XXIII. als Aufgabe erkannt hat, wie weit es dieses „schwere Schiff" seitdem auf seiner Fahrt gebracht hat, dann werden wir wohl so bescheiden antworten müssen wie der Konzilstheologe Karl Rahner beim Abschluss des Konzils: noch immer nur bis zum „Anfang eines Anfangs"[45].

„Konzilsväter"

bei der Eröffnung des 2. Vatikanischen Konzils

(Quelle: Wikipedia)

Einige Einsichten und Impulse des Konzils

Zu Verlauf und Ergebnis des Konzils[46]

Das Konzil konnte die Erwartungen, die Papst Johannes XXIII. zu seiner Einberufung bewegt hatten, nicht erfüllen. Dessen Signal zu einem Aufbruch hatte zwar ein begeistertes Echo gefunden, weit über die Grenzen unserer Kirche und der Christenheit hinaus.

Vor allem in jenen Regionen und Kreisen in unserer Kirche, in denen schon seit langem Aufbrüche zu liturgischer und ökumenischer „Bewegung", zu biblischer und anderer von Laien ausgehender „Erneuerung" im Gang waren, führte die Ankündigung des Konzils zu einem „Dammbruch der Erwartungen"[47].

Dort hoffte man, es würden endlich Schritte in die Zukunft möglich, die bisher auf den Widerstand der Kirchenleitung gestoßen waren.

Die Stimmung in der Kirche am Vorabend des Konzils beschrieb Erzbischof Montini in einem Hirtenbrief: „Es scheint, als hätte der Papst eine verborgene Erwartung... der gesamten katholischen Welt erraten. Eine Flamme der Begeisterung loderte durch die ganze Kirche.

Er verstand auf Anhieb, vielleicht aufgrund einer Eingebung, dass er durch die Einberufung eines

Konzils Lebenskräfte ohnegleichen in der Kirche freisetzen würde."[48]

Auf der anderen Seite mobilisierte das Signal des Papstes aber auch sofort Gegenkräfte, die von vornherein abgeneigt waren, Schritte in der vom Papst gewiesenen Richtung mitzugehen. In der von einigen Kardinälen geleiteten Römischen Kurie erhob sich sofort entschiedener Widerstand[49]. Er lief darauf hinaus, das Konzilsprojekt so zu verzögern, dass es mit dem in nicht zu ferner Zeit zu erwartenden Tod des Papstes mit ins Grab sinken würde.

Der Papst hatte ganz bewusst ausgerechnet diese Kardinäle mit der Vorbereitung des Konzils betraut. Wie zu erwarten war, lenkten sie diese in Kanäle, die genau zum Gegenteil dessen führen sollten, was der Papst beabsichtigte, nicht zu einer Erneuerung und Öffnung der Kirche, sondern zur erneuten Festschreibung des gewohnten Denkens und Lebens.

Als das Konzil begann, sprang zwar der Funke, den der Papst entzündet hatte, überraschend schnell auf die Mehrheit der versammelten Bischöfe über.

Von den rund 2500 Konzilsvätern sträubten sich lediglich 200-300 gegen „Neuerungen". Der harte Kern dieser Minderheit schmolz bei wichtigen Abstimmungen sogar auf etwa 75 Gegenstimmen zusammen. Weil zu ihr aber einflussreiche Kardinäle der Römischen Kurie gehörten, konnte sie den Gang der Verhandlungen und deren Ergebnisse mehr mitbestimmen als ihr zahlenmäßig zukam.

Papst Paul VI., unter dem das Konzil weitergeführt und abgeschlossen wurde, war darauf bedacht, möglichst „einmütige" Zustimmungen zu erzielen. Das war nur möglich, wenn auch die Auffassungen der Minderheit mit berücksichtigt wurden.

Von daher sind die vom Konzil verabschiedeten Dokumente als „Kompromisstexte"[50] zu verstehen, in deren Aussagen sich mitunter unausgeglichen das Denken der Kirche „von gestern" und der „von heute" spiegelt.

Deshalb konnten sich nach dem Konzil sowohl die Anwälte des einen wie auch die des anderen auf dessen Texte berufen und sie von ihrem eigenen Standpunkt aus unterschiedlich auslegen. Zudem blieb die Römische Kurie im Grunde unverändert die alte.

Die weitere Entwicklung nach dem Konzil war deshalb mehr von deren Denkart bestimmt als von der Richtung, die Papst Johannes gewiesen hatte. Schon während des Konzils kursierte in den Kreisen, die sich grundsätzlich einem Aufbruch „nach vorn" verschlossen, das Wort: „Die Kirche wird 50 Jahre brauchen, um sich von den Irrwegen Johannes XXIII. zu erholen."[51]

Dennoch sind während des Konzils Aufbrüche gelungen, die nicht mehr rückgängig gemacht werden können und die für den weiteren Weg der Kirche von größter Bedeutung sind.

Denken wir nur an den Eintritt unserer katholischen Kirche in die gesamtchristliche Ökumenische Bewegung, zu dem sich das Konzil durchgerungen hat!

Als Papst Johannes Paul II. sein Amt antrat, musste er sich sofort mit Bestrebungen auseinandersetzen, diesen Schritt wieder rückgängig zu machen.

Er wies Rückschritte in seiner ersten Enzyklika entschieden zurück: „Wir dürfen nicht der Gnade misstrauen, die sich uns offenbart hat durch das Wort des Heiligen Geistes, das wir während des Konzils vernommen haben.

Würden wir so handeln, leugneten wir die Wahrheit über uns selbst."[52]

1985 blickte eine Bischofssynode nach 20 Jahren auf das Konzil zurück. Auch sie nahm sich vor, den im Konzil begonnenen Weg entschlossen weiterzugehen.

Denn das Konzil sei „die größte Gnade" gewesen, die Gott seiner Kirche im 20. Jahrhundert geschenkt habe; es sei und bleibe „eine Magna Charta" für den Weg der Kirche in die Zukunft[53].

An einige dieser Impulse von bleibender Bedeutung, die wir nicht vergessen dürfen, wenn wir uns heute um einem „Aufbruch der Gemeinden" bemühen, wollen wir uns im folgenden erinnern.

"... es wächst das Verständnis der überlieferten Dinge und Worte"

Gehen wir zuerst auf eine Frage ein, die sich katholischen Christen stellen kann, wenn nicht nur von einem Aufbruch, sondern sogar von einem „Sprung nach vorn" im Glauben die Rede ist, also von Wandlungen und Veränderungen über den gewohnten Stand der Dinge in unserem bisherigen Glaubensverständnis hinaus. Wir sind doch alle zu der Überzeugung erzogen worden, im Evangelium werde uns die „ewige" Wahrheit Gottes verkündet, die, im Unterschied zu allem weltlichen und menschlichen Wissen, sich nicht verändert und auf die wir uns unverbrüchlich verlassen können.

In einem der wichtigsten Konzilsdokumente wird darauf folgende Antwort gegeben:

„Die apostolische Überlieferung kennt in der Kirche unter dem Beistand des Heiligen Geistes einen Fortschritt: Es wächst das Verständnis der überlieferten Dinge und Worte durch das Nachsinnen und Studium der Gläubigen, die sie in ihrem Herzen erwägen (vergl. Lk 2,19.51), durch innere Einsicht, die aus geistlicher Erfahrung stammt, durch die

Verkündigung derer, die mit der Nachfolge im Bischofsamt das sichere Charisma der Wahrheit empfangen haben; denn die Kirche strebt im Gang der Jahrhunderte ständig der Fülle der göttlichen Wahrheit entgegen, bis an ihr sich Gottes Worte erfüllen." (Offenbarung 8)[54]

Damit wird etwas erklärt, was wir heute deutlicher als früher mit in unser Glaubensbewusstsein aufnehmen müssen:

Das Wort Gottes, das uns verkündet wird, trifft uns Menschen stets in einer bestimmten „geschichtlichen" Situation und wird von uns dem entsprechend verstanden. Es hat darin, wie Menschen es annehmen und verstehen, selbst eine Geschichte.

Es verhält sich damit im großen Gang der Kirchen- und Menschheitsgeschichte so, wie es uns auch in unserem eigenen persönlichen Leben ergeht. Dieselbe Wahrheit des Glaubens, des Wortes Gottes, wird unter den vielfältigen Erfahrungen, die Menschen machen, anders - „neu"! - verstanden.

Sie wird in neuen Zusammenhängen, unter sich wandelnden Fragestellungen, Perspektiven und Horizonten gesehen. Dabei kann sie auch deutlicher unterschieden werden von anfänglichen und mit-laufenden menschlichen Vorurteilen und Vorüber-zeugungen, mit denen sie zunächst zusammen gedacht wurde und die ihr Verständnis begrenzen oder verdunkeln konnten.

Damit hängt auch zusammen, dass wir als Glaubende auf dem Weg der Kirche durch die Geschichte zu keinem Zeitpunkt schon ein abgeschlossenes, volles Verständnis dessen haben können, was wir als Wort und Wahrheit Gottes glauben.

Wir sind und bleiben im Glauben immer unterwegs. Und niemand in der Kirche, auch nicht ein Papst, kann voraussehen oder voraussagen, wie sich das Verständnis unseres Glaubens in Zukunft noch weiter erschließen wird, bis sich am Ende dieses Weges „Gottes Worte erfüllen" werden.

Worauf das Konzil mit so deutlichen Worten hinweist, ist nicht eine so neue Erkenntnis, wie sie uns vielleicht erscheint. Wenn wir in die Geschichte unseres christlichen Glaubens zurück blicken, zeigen sich solche Wachstumsprozesse, die „Fortschritte" im Glaubensverständnis mit sich brachten, freilich nicht als ununterbrochene Aufwärtsbewegung, sondern mitunter auch durch ein merkwürdiges „Vergessen" ursprünglicher Wahrheiten und zeitweilige Abirrungen hindurch, die wir nicht für möglich halten würden, wenn sie nicht bittere geschichtliche Wirklichkeit wären[55].

In früheren Zeiten erfolgte solches Wachstum meist so „im Gang der Jahrhunderte", dass ein einzelner Mensch das in seiner begrenzten Lebenszeit kaum wahrnehmen konnte und deshalb davon auch nicht so beunruhigt wurde, wie es heute der Fall ist, wo solche Wandlungen so vor sich gehen, dass wir sie als eine uns zugemutete Aufgabe erkennen, die wir selbst ausdrücklich und bewusst mitvollziehen sollen.

Mit seiner Erklärung erinnert das Konzil eigentlich nur an etwas, was mit zu dem Evangelium gehört, das uns als Wort Gottes verkündet wird. In seinen Abschiedsworten, die im Johannesevangelium aufgeschrieben sind, sagt Jesus zu den Jüngern:

„Noch vieles hätte ich euch zu sagen, aber ihr könnt es jetzt nicht tragen. Wenn aber der Geist der Wahrheit kommt, wird er euch in die ganze Wahrheit führen." (Joh 16,12f)

Die ersten Zeugen und Verkünder des Glaubens hielten es für selbstverständlich, dass der Glaube in denen, die ihn angenommen hatten, „wachsen" muss. Sie bitten, so hören wir in Lesungen aus ihren Briefen, um Einsicht und Weisheit, den Willen Gottes zu erkennen, um ein „Wachsen der Erkenntnis Gottes". (Kol 1,10) Sie fordern auf, sich zu „wandeln" und im Denken zu „erneuern". (Röm 12,2)

Wir hören sogar von einem Vorgang, in dem es schon 16 Jahre nach dem Tode Jesu zu Auseinandersetzungen zwischen Glaubenden „von gestern" und solchen „von heute" kam.

Der Streit hatte sich entzündet an der Frage, ob ein Heide, der Christ werden wollte, auch alles zu befolgen hätte, was für diejenigen, die aus dem Judentum heraus Christ geworden waren, weiterhin als heiliges, unaufgebbares Gesetz Gottes galt, z.B. das Gebot zur Beschneidung und die jüdischen Reinheitsvorschriften.

So dachten die meisten in den frühesten christlichen Gemeinden. Wenige andere, allen voran Paulus, hatten auf ihren ersten Missionsreisen gelernt, dieses Problem in einem „neuen" Licht zu sehen. Sie traten dafür ein, das Evangelium, das allen Menschen verkündigt werden sollte, nicht mit einer solchen „Altlast" zu befrachten.

Es kam zu einem ersten „Konzil", auf dem die Frage zu Gunsten der „Neuerer" entschieden wurde: „Der Heilige Geist und wir haben beschlossen", Heiden, die Christen werden wollen, „keine weitere Last aufzuerlegen", über das unbedingt Notwendige hinaus. (Apg 15,28)

So lautete das Ergebnis. Papst Johannes erinnerte nach der ersten Konzilsperiode alle Bischöfe in einem Brief an dieses Ereignis[56]. Er empfahl ihnen, über dieses „vollkommene Modell" eines Konzils nachzudenken.

Bemerkenswert in der Erklärung des Konzils zum Wachstum im Verständnis des Glaubens ist die Angabe, wodurch es zu solchen „Fortschritten" kommt: nicht zuerst durch die „amtliche" Verkündigung des Glaubens „von oben", sondern durch die „Gläubigen", ungeachtet ihres Standes und Ranges in der Kirche, also „von unten". Entscheidend ist dafür allein, dass sie wirklich lebendig Glaubende sind, d.h. in ihrer eigenen geschichtlichen Situation, unter den konkreten Bedingungen und Umständen ihres persönlichen und gesellschaftlichen Lebens, über die Dinge und Worte des Glaubens nachsinnen und vor allem den Glauben nicht nur bedenken, sondern im Leben zu verwirklichen suchen.

So gelangen sie aus „geistlicher Erfahrung" zu weiterführender „innerer Einsicht" in das, was wir als Christen glauben. Die amtliche Glaubensverkündigung durch die Bischöfe, die das Konzil in diesem Zusammenhang noch nennt, hat - wie Joseph Ratzinger als Konzilstheologe diesen Text kommentierte - nicht eine schöpferische Funktion, sondern die „kritische" Aufgabe, solche Einsichten zu beurteilen und in die amtliche Glaubensverkündigung aufzunehmen[57].

„... festhalten", dass der Heilige Geist allen Menschen ermöglicht, „dem österlichen Geheimnis verbunden zu sein"

Als Zweites können wir gleich ein hervorragendes Beispiel für einen solchen „Fortschritt" im Verständnis des Glaubens nennen, der in einem langen und mühseligen Wachstumsprozess von den „Gläubigen" her erfolgt und schließlich im Konzil für die ganze Kirche verbindlich ausgesprochen worden ist. Da geht es um die Frage, wie wir als Christen von den „Anderen" denken sollen, den nichtkatholischen Christen, den Menschen in anderen Religionen, von denen, die gar nicht an Gott glauben.

Ist diese Frage schon mit dem so eindeutig klingenden Wort im Munde Jesu beantwortet: „Wer glaubt und sich taufen lässt, wird gerettet; wer aber nicht glaubt, wird verdammt werden?" (Mk 16,16) Oder haben wir dabei auch an andere Worte der Heiligen Schrift zu denken, die uns sagen, dass Gott Liebe ist und alle Menschen liebt?

Das Konzil erklärt uns dazu: Weil „Christus für alle gestorben ist und da es in Wahrheit nur eine letzte Berufung des Menschen gibt, die göttliche, müssen wir festhalten, dass der Heilige Geist allen die Möglichkeit anbietet, diesem österlichen Geheimnis in einer Gott bekannten Weise verbunden zu sein." (Kirche und Welt, 22)

Damit fordert das Konzil uns heutige Christen und Katholiken auf, etwas „festzuhalten", was die Gläubigen in früheren Zeiten noch nicht so einsehen konnten, wie es heute für uns möglich und nötig wird. Als christliche Missionare auszogen, um in fernen Ländern Heiden das Evangelium zu verkünden, waren sie überzeugt, diese Menschen würden ewig verloren gehen, wenn sie nicht den Glauben annähmen und sich taufen ließen. In der Reformationszeit haben Christen so leidenschaftlich miteinander gestritten, weil sie es als selbstverständlich betrachteten, der jeweilige Gegner ginge mit der Ablehnung der wahren Kirche oder des wahren Evangeliums demselben Schicksal entgegen. Man hat mich in meinem Studium noch gelehrt, von einem Atheisten sei anzunehmen, dass er - wenn er geistig zurechnungsfähig ist und über längere Zeit sich in solcher Gott ablehnenden Haltung verschließt - sich schwer versündige und nicht „in den Himmel kommen kann."[58]

Wir können jetzt nicht verfolgen, wie im Gang einer langen Geschichte ein enger Horizont, unter dem Christen ihren Glauben verstanden haben, aufgesprengt wurde und sich ausweitete. Letztlich handelte es sich dabei um ein Wachstum der „Erkenntnis Gottes":

Gott ist „größer", als Menschen es sich gedacht haben. Auch seine Liebe ist unbegreiflich groß. Sie umfasst alle Menschen. Sie ist so wirksam, dass sie jeden Menschen dazu bewegen kann, sich ihr zu öffnen und schließlich zu ergeben, auch dort, wo wir das nicht für möglich halten.

In solchem gewachsenen und gereiften Glauben an den immer noch größeren Gott haben wir als Christen heute nicht nur das Recht, sondern die Pflicht, für jeden Menschen so wie für uns selbst auf ein endgültiges Heil zu hoffen[59].

Jedenfalls dürfen wir uns nicht anmaßen, über Menschen ein Urteil zu fällen[60], wie es allein Gott vorbehalten ist: „Gott allein ist der Richter und Prüfer der Herzen; darum verbietet er uns, über die innere Schuld von Irgendjemandem zu urteilen." (Kirche und Welt 28)

Das Konzil begnügt sich aber nicht mit dieser Ermahnung zum Verzicht auf solche Urteile über „Andere". Wenn schon im Hinblick auf das, was uns voneinander trennt, die Frage nach Schuld und Sünde zu stellen ist, dann fordert uns das Konzil auf, dabei immer zuerst an uns selbst zu denken. Im Blick auf die getrennten Christen sollen wir zuerst fragen, wodurch wir selbst die Trennung mitverschuldet haben und heute die „Rückkehr der Einheit" verhindern. (Dekret über den Ökumenismus 4 und 7)

Zum heutigen Atheismus erklärt das Konzil, wir, die „Gläubigen", könnten „einen erheblichen Anteil" an seiner Entstehung haben.

Durch „Vernachlässigung" unserer Bildung im Glauben, durch missverständliches Denken und Reden von Gott, vor allem aber auch durch Mängel in unserem persönlichen und kirchlichen Leben können wir nämlich „das wahre Antlitz Gottes und der Religion eher verhüllen als offenbaren". (Kirche und Welt 19)

Joseph Ratzinger hat damals als Konzilstheologe diese Erklärungen über die unbegrenzte Reichweite des Erbarmens Gottes und über den Atheismus „zu den bedeutendsten Äußerungen des Konzils" gezählt[61].

Dennoch wurden sie längst nicht so „rezipiert", wie es eigentlich zu erwarten gewesen wäre, gerade in Kirchen, denen - wie es bei uns im Osten Deutschlands der Fall ist - ihre atheistische Umwelt als ständige Herausforderung zum Wachstum im Glauben aufgegeben ist[62].

„... in allem aber die Liebe üben"

Das führt uns zu einem Problem, das uns heute als katholische Christen mehr als in früheren Zeiten im Glauben bedrängen kann: In unserer Kirche denken die Gläubigen nicht mehr so einheitlich, wie es früher selbstverständlich zu sein schien. Das wirkt sich auch im Leben der Kirche aus, bis in die einzelnen Gemeinden und Gemeinschaften hinein. Die Gläubigen können ein sehr unterschiedliches Verhältnis zu überlieferten Frömmigkeitsformen haben.

Sie können im Verständnis des Glaubens unterschiedliche Akzente setzen und dem entsprechend auch das, was in der Kirche geschieht, was von der Leitung der Kirche verlautbart und angeordnet wird, sehr verschieden beurteilen. Wir haben schon gehört, wie sich am Konzil und dessen Wegweisungen in der Kirche Streit entzündet hat und bis auf den heutigen Tag die Geister scheiden können.

Im Grunde geht es dabei um eine Frage, die schon seit langer Zeit, seit dem Ende des „christlichen" Mittelalters, uns als Christen zur Entscheidung aufgegeben ist: Wie haben wir uns zu verhalten gegenüber einer Welt, die nicht mehr eine einheitlich christliche ist, in der immer mehr Menschen den Glauben aufgeben, der früher die ganze Gesellschaft geprägt und zusammengehalten hat, in der wir uns als christliche Gemeinde als machtlose, immer unbedeutender werdende Minderheit erleben, in der für das Zusammenleben der Menschen ganz neue Verhältnisse entstehen und gelten?

Sollen wir uns vor dieser Welt verschließen, trotzig uns in dem Glauben verteidigen, wie wir ihn bisher verstanden haben, uns zurückziehen in unsere eigene „Welt" wie in eine feste, uneinnehmbare Burg?

Oder sollen wir diese neue Wirklichkeit annehmen als von Gott verfügt, als Herausforderung an unseren Glauben, als drängenden Anstoß zu unserer eigenen Erneuerung und Bekehrung, zu jenem Wachstum im Glauben, wie es in der Kirche „im Gang der Jahrhunderte" geschehen soll?

Auf diese Frage und die unterschiedliche Grundhaltung, aus der sie beantwortet wird, lassen sich die Spannungen und Meinungsverschiedenheiten in der heutigen Kirche, auch eine unterschiedliche Beurteilung und Auslegung des Konzils und seiner Dokumente, zurückführen. Die einen sagen Ja zum Konzil, verstehen dieses aber nur „im Lichte der Tradition"[63].

Diese Formel war schon währenddes Konzils zu hören, damals aus dem Munde des Erzbischofs Marcel Lefèbvre, der nach dem Konzil zum Begründer einer Traditionalistengruppierung geworden ist, die aus der Einheit der Kirche ausgebrochen ist und meint, allein die „wahre" Kirche zu vertreten.

Die anderen sagen - wie es Papst Johannes bei seinem Konzils-Plan vor Augen stand - Ja zur unverkürzten und unaufgebbaren Tradition unseres christlichen und katholischen Glaubens, wollen sie aber verstehen „im Lichte der Zeichen der Zeit", offen dafür, sich von ihnen, insofern sie „wahre Zeichen der Gegenwart und der Absicht Gottes" sind, (Kirche und Welt 11) im Verstehen des überlieferten Glaubens weiterführen zu lassen. In dieser Richtung verstehen sie auch die Weisungen des Konzils. Die einen und die anderen leben in der einen Kirche zusammen.

Beide müssen einander zugestehen, dass ein jeder seine Auffassung nach bestem Wissen und Gewissen vertritt.

Wie sollen sich katholische Christen in dieser Situation verhalten, damit nicht nur die Einheit der Kirche gewahrt wird, sondern die Kirche gerade unter diesen Bedingungen „gleichsam das Sakrament, das heißt Zeichen und Werkzeug für die innigste Vereinigung mit Gott wie für die Einheit der ganzen Menschheit" ist? (Kirche 1)

Hierzu greift das Konzil eine alte Regel auf, von der sehr zu wünschen wäre, sie würde von allen, die unter dieser Situation leiden und sie nach der einen oder anderen Richtung gern verändern wollen, ernster genommen, als es bisher geschieht: „Alle in der Kirche sollen unter Wahrung der Einheit im Notwendigen ...in den verschiedenen Formen des geistlichen Lebens und der äußeren Lebensge-staltung, in der Verschiedenheit der liturgischen Riten sowie der theologischen Ausarbeitung der

Offenbarungswahrheit die gebührende Freiheit walten lassen, in allem aber die Liebe üben.

Auf diese Weise werden sie die wahre Katholizität und Apostolizität der Kirche immer vollständiger zum Ausdruck bringen." (Ökumenismus 4)

Diese weise Mahnung, Einheit und Freiheit in rechter Weise miteinander zu verbinden, den daraus entstehenden Raum für unterschiedliche und gegensätzliche Auffassungen und Lebensweisen als willkommene Gelegenheit und Veranlassung zu verstehen, sich miteinander in der Liebe zu üben, geht wohl nicht - wie angenommen wurde - auf den Kirchenvater Augustinus zurück, sondern scheint erst im 17. Jahrhundert von einem evangelischen Theologen im Blick auf damalige theologische Streitigkeiten formuliert worden zu sein[64].

Auf jeden Fall verdanken wir es Papst Johannes, dass sie in die Konzilstexte aufgenommen worden ist. Sie spricht prägnant aus, wovon sich schon die Apostel in ihrem Konzil, von dem wir hörten, leiten ließen: Über das hinaus, was zur Einheit unbedingt nötig ist, sollen keine Lasten auferlegt werden.

Für unsere heutige Situation ist es wichtig, sich deutlich zum Bewusstsein zu bringen, dass „die gebührende Freiheit" notwendig ist, damit überhaupt in einer Glaubensgemeinschaft, wie es unsere Kirche ist, Fortschritte im Verstehen des Glaubens

„von unten" geschehen können. Und noch wichtiger ist, worin alle „eins" sein sollen: Spannungen und Streitigkeiten innerhalb der einen Kirche sollen nicht im erbitterten Streit darüber, wer Recht hat, ausgetragen werden, sondern als Anruf und Anstoß wirken, „in allem die Liebe zu üben". Das heißt für uns als katholische Christen:

Ich muss den Mitchristen, der in der eigenen Kirche ein im Glauben „Andersdenkender" ist, annehmen und ertragen, auch wenn ich ihn nicht verstehen kann. In der Begegnung mit ihm soll ich mir demütig bewusst werden, dass ich nur dann wirklich „katholisch" bin, wenn ich auch ihn gelten lasse, wenn ich darin meine eigenen Grenzen erfahre und aner-kenne und mich für eine größere „katholische" Einheit öffne, als ich sie selbst als einzelner Christ oder in meiner eigenen konkreten Gemeinde oder Gemeinschaft verwirklichen kann.

Wenn das geschähe, dann würde nicht nur die „Substanz" des Christlichen radikal verwirklicht, die viel wichtiger und entscheidender ist als alle mög-lichen Einzelheiten im Glauben und im kirchlichen Leben. Die Kirche würde dann in der Welt von heute auch zu einem leuchtenden und wirksamen Zeichen dafür, wie Menschen zusammenleben, sich gegenseitig annehmen und ertragen müssen, wenn die Menschheit überleben will, unter den Bedingungen, wie sie sich gegenwärtig und im Blick auf die Zukunft immer deutlicher abzeichnen. Als die ersten christlichen Gemeinden in heidnischer Umwelt entstanden, sagte die „Welt" von den Christen: „Seht, wie sie einander lieben!"

Heute müsste sie eigentlich von uns Christen - von der ganzen „Christenheit"! - lernen können: „Seht, wie sie bei allen Unterschieden und Spannungen, die es unter ihnen gibt, dennoch im Tiefsten wirklich eins sind und in Freiheit und Frieden miteinander leben!"[65]

„... nicht vergessen, dass es eine Rangordnung der Wahrheiten innerhalb der katholischen Lehre gibt"

Aber was ist nun das eine „Notwendige", das wir in der Kirche „wahren" sollen?

Diese Frage beantwortet das Konzil mit der Erklärung, die wir gehört haben, nicht.

Wir könnten zwar einige Kriterien, vorwiegend „rechtlicher" Art, anführen, die dafür gelten und zu beachten sind. Aber wenn wir fragen, was in unserem Glauben und Glaubensverständnis das „eine Notwendige" ist, können in der heutigen Kirche die Antworten recht unterschiedlich ausfallen. Das Konzil gibt mit einem Hinweis wenigstens die Richtung an, in der wir dieses „eine Notwendige" zu suchen haben. Im Hinblick auf den ökumenischen Dialog macht es aufmerksam, man

51

dürfe „nicht vergessen, dass es eine Rangordnung oder Hierarchie der Wahrheiten innerhalb der katholischen Lehre gibt, je nach der verschiedenen Art ihres Zusammenhangs mit dem Fundament des christlichen Glaubens". (Ökumenismus 11)

Das ist nicht nur im Gespräch über den Glauben zwischen Christen verschiedener Konfessionen zu beachten. Es gilt auch für das innerkirchliche Gespräch, ja auch dann, wenn ein einzelner Christ in seinem eigenen Denken und Herzen Fragen des Glaubens zu Wort kommen lässt.

Dieser Hinweis fordert dazu auf, die vielen einzelnen Wahrheiten unseres Glaubens - in dem maßgeblichen „Katechismus der Katholischen Kirche" sind sie unter 2865 Ziffern aneinandergereiht, in dessen Kurzausgabe, dessen „Kompendium", immerhin noch unter 598! - in ihrem Zusammenhang mit dessen „Grundwahrheit", als „relativ" auf dessen „lebendigen Kern" hin zu verstehen.

Damit wird uns ein Weg gewiesen, wie wir zu einem tieferen und „radikaleren" Glauben gelangen können, gerade dann, wenn uns irgendeine einzelne Glaubenswahrheit zum Problem wird, vielleicht sogar so, dass wir - wenn wir ehrlich sind und solche Probleme nicht verdrängen - uns eingestehen müssten: Das kann ich so, wie man es mich in der Kirche lehrt, als Mensch in der Welt von heute nicht glauben. Ein Christ, der sich einer solchen Situation bewusst wird, braucht dann nicht vor einer solchen Hemmschwelle, über die er vielleicht wirklich nicht hinwegkommen kann, unbedingt eine Entscheidung erzwingen wollen und dabei womöglich ganz im Glauben scheitern.

Er sollte dann viel mehr nach dem Wichtigeren, nach dem „Fundament" des christlichen Glaubens fragen und in der Tiefe, in die er dabei gerät, um so entschiedener, „aus ganzem Herzen", das Ja des Glaubens aufrechterhalten oder von neuem sagen.

In dem Hinweis des Konzils wird nicht erklärt, was unter diesem „Fundament" zu verstehen ist. Wir werden, mit vielen Theologen, sofort an einzelne „fundamentale" Glaubenswahrheiten denken, die unseren Glauben an Gott, an Jesus Christus, die Kirche, das „ewige Leben" betreffen. Dieses Fundament wird aber noch tiefer zu suchen sein als in aussprechbaren Gedanken und Worten.

Es kann damit eigentlich nur gemeint sein die Wirklichkeit Gottes selbst, Gott als Geheimnis der Liebe, der, wie uns in der Heiligen Schrift gesagt wird, in unserem Herzen wohnt und wirkt. (z.B. Röm 5,5) Denn diese „Wirklichkeit", und nicht unser menschliches Denken und Reden „über" sie, ist der tiefste „Grund" unseres christlichen Glaubens[66].

In unserer gegenwärtigen Situation wird uns drastisch vor Augen geführt, was geschieht, wenn diese Unterscheidung nicht beachtet wird.

Wird nämlich etwas anderes als diese Wirklichkeit, die letztlich unsagbar und unbegreiflich ist, als „Fundament" religiösen Glaubens behauptet, dann entsteht jener „Fundamentalismus", der meint, unerschütterlich auf Gott und seinem heiligen Willen zu bestehen, jedoch zu den schlimmsten „Mängeln" im religiösen Leben gehört, die das Konzil beklagt, weil sie das „wahre Antlitz Gottes und der Religion" verhüllen. Wir werden heute fast täglich mit abschreckenden Exzessen solchen fanatisierenden Denkens aus einem anderen religiösen Kulturkreis konfrontiert. Darüber dürfen wir nicht vergessen, zu welchen verheerenden Ausbrüchen solchen Denkens es auch in unserer christlichen Glaubensgeschichte gekommen ist, - und wie viele Christen und christliche Gruppen auch heute meinen, sie könnten die gegenwärtige religiöse Krise dadurch bestehen, dass sie sich - in evangelischer („evangelikaler") und katholischer („integralistischer" und „traditionalistischer") Version - erbittert an etwas klammern und darauf versteifen, was für den Glauben zwar von großer Bedeutung sein kann - Worte der Bibel oder des Papstes -, aber eben nicht das „Fundament" christlichen Glaubens ist.[67] Wie wir dieses zu suchen haben, wird das Thema unserer letzten Überlegung sein.

Von neuem das Antlitz des lebendigen Gottes suchen

Welche „Zeichen der Zeit" sind uns heute, 40 Jahre nach dem Konzil gegeben, an denen wir ablesen können, wie wir den Weg des Glaubens weitergehen sollen? Wozu fordern diese uns als einzelne Glaubende in der Glaubensgemeinschaft einer heutigen Gemeinde auf, in der wir unser Christsein in der begrenzten uns zugemessenen Lebenszeit „nach bestem Wissen und Gewissen" heute verwirklichen müssen, ganz gleich, wie der Weg von Kirche und Welt im Gang der Jahrhunderte weitergehen wird?

Kardinal Karl Lehmann hat einmal nach einem Rückblick auf das Konzil und der Ausschau nach heutigen Zeichen der Zeit gesagt, was er für die allerwichtigste Aufgabe hält, vor der wir heute als Christen stehen: Wir müssten „stets wieder von neuem das Antlitz des lebendigen Gottes suchen". Nach dem Konzil sei nämlich sehr schnell deutlich geworden, dass zu den alarmierenden Zeichen der Zeit vor allem eine „Gotteskrise" gehört. Sie besteht nicht nur darin, dass heute weithin der Glaube an Gott aufgegeben, dass Gott völlig vergessen werde.

Auch das religiöse Bewusstsein verändere sich radikal und tief. Alle gewohnten Selbstverständlichkeiten im Hinblick auf Gott und den Glauben an ihn, die das Konzil noch vorausgesetzt habe, seien inzwischen Vergangenheit. Deshalb müsse heute „eine Erneuerung der Frage nach Gott an erster Stelle aller Aktivitäten" stehen[68].

Auf diese Frage sind wir schon am Ende unserer Betrachtung einiger weiterführender Einsichten und Weisungen des Konzils gestoßen, als wir erkannten, dass alle einzelnen Wahrheiten und Vollzüge des Glaubens immer in ihrem Zusammenhang mit dem „Fundament" dieses Glaubens zu verstehen und auf dieses zu beziehen sind.

In dieser letzten Überlegung wollen wir uns nun um die „Erneuerung" dieser Frage bemühen, wenigsten darum, sie als unsere wichtigste heutige Aufgabe zu erkennen.

Viele von uns werden wohl der Diagnose, wie sie aus den wenigen schwerwiegenden Worten Kardinal Lehmanns hervorgeht, zustimmen können. Wir brauchen ja nur daran zu denken, wie unser eigenes „religiöses Bewusstsein" sich im Laufe unseres Lebens verändert hat, seitdem wir - meist als Kinder - in den Glauben eingeführt wurden. Wir brauchen uns nur einmal kritisch fragen, ob Gott für uns noch so selbstverständlich „da" ist wie es erscheint, wenn wir im „Gottesdienst" versammelt sind, das „Wort Gottes" hören und die gewohnten Gebete mitsprechen oder zu ihnen „Amen" sagen, ob und wie wir auch im persönlichen Leben das Gebet pflegen und was von unseren Worten, die wir da sagen, und unserem „Bewusstsein" von dem, an den wir sie richten, eigentlich - genau genommen! - zu halten ist.

Bischof Wanke von Erfurt hat kurz nach der sogenannten Wende die Gläubigen auf eine „Gottvergessenheit" mitten unter uns aufmerksam gemacht, auf eine „Art Atheismus", die viel schlimmer sei als jener, der uns unter der kommunistischen Diktatur bedrängt habe.

„Äußerlich geht alles weiter: Gottesdienst, Familienkreis, Tischgebet, Lektüre der Kirchenzeitung - aber auf einmal ist Gott nicht mehr da" [69] - Diejenigen aber, die sich im Glauben ihrer Sache so sicher sind, dass sie meinen, diese „Gotteskrise" berühre sie nicht und ginge an ihnen spurlos vorüber, können ahnen, was damit gemeint ist, wenn sie sich vergegenwärtigen, wie schwer, ja unmöglich es sein kann, andere Menschen in der „Welt von heute" - Kinder und Enkel, Menschen, die wir lieben und die mit zu unserem Leben gehören - zu demselben Glauben zu bewegen, den sie selbst noch für selbstverständlich halten.

Glauben - mit „geschärftem kritischen Sinn"

Erinnern wir uns zunächst daran, wie schon die Konzilsbischöfe diese „Gotteskrise" nicht übersehen konnten und zu welchen Einsichten sie schon damals, vor vier Jahrzehnten, gekommen sind. Wir hörten bereits, wie sie bei der Frage, wie der heutige Atheismus entstanden ist und wie wir ihn uns erklären können, darauf gestoßen sind, dass auch wir, die „Gläubigen", dafür mitverantwortlich sein können.

Das müsste eigentlich auf uns wie ein Alarmsignal wirken.

In der Begegnung mit „Atheisten" dürften wir uns nicht damit beruhigen, dass wir die Gründe für ihre Überzeugung letztlich nicht durchschauen und erfahrungsgemäß wenig Aussicht haben, sie zu „bekehren". Wir müssten eine solche Begegnung als Aufforderung verstehen, uns zu fragen, was wir selbst tun oder unterlassen, bei uns selbst ändern, wie wir selbst uns „bekehren" müssen, damit wir ihnen das wahre Antlitz Gottes nicht verhüllen, sondern offenbaren. Wir leben ja nicht nur in einer atheistischen Umwelt.

Aus unserer eigenen Mitte, aus unseren Familien und Gemeinden gehen ununterbrochen Menschen hervor, die den Glauben, den wir ihnen in Katechese, Jugendarbeit und Predigt auf den Weg ins Leben mitgeben wollen, schon im Heran-wachsen aufgeben, die ihre Bindung an die Kirche als Gemeinschaft der Glaubenden verlieren und mit „Gott" nichts mehr anzufangen wissen. Nach einer Untersuchung, die unsere Bischöfe kurz vor der sogenannten „Wende" in den östlichen Bistümern veranlasst hatten, seien das bis zum

25. Lebensjahr etwa 75 % der als Kleinkind katholisch Getauften[70]. Daran können wir nochmals ermessen, wie groß die Aufgabe ist, die Papst Johannes XXIII. als eine „Verheutigung" der Kirche für unbedingt notwendig hielt. Sie ist so groß, dass sie die Kirche als ganze angeht und auch nur von ihr erfüllt werden könnte.

Uns als einzelnen Gläubigen und Gemeinden kann dieser Zusammenhang zwischen dem heutigen Atheismus und einem Nachholbedarf, den wir selbst in unserem Glaubensverständnis haben, helfen, Probleme, die wir auf unserem Glaubensweg erfahren, besser zu verstehen und zu erkennen, in welcher Richtung wir ihn weitergehen sollen.

Dazu ist nun noch ein weiterer wichtiger Hinweis des Konzils zu bedenken, von dem man nicht sagen kann, er werde in unserer Glaubensunterweisung und kirchlichen Praxis schon gebührend beachtet. Das Konzil stellt nämlich fest, für einen gereiften Glauben in der Welt von heute sei es geboten, dass die Gläubigen dafür den unter den „neuen Verhältnissen" üblichen „geschärften kritischen Sinn" zu Hilfe nehmen. Dieser dem heutigen Menschen eigene Drang, alles, was von der Vergangenheit her als feststehende Überzeugung oder Regel gilt und übernommen werden soll, in Frage zu stellen, den

Autoritäten, die das von ihm verlangen, nicht blind zu glauben, sondern selbst alles kritisch zu prüfen und sich dann entsprechend zu verhalten, führe zwar dazu, dass heute viele Menschen leichtfertig - „massenhaft"! - den Glauben aufgeben.

Aber auf der anderen Seite sei nicht zu übersehen, dass derselbe "kritische Sinn" für uns, die Gläubigen, und für Menschen, die glauben wollen, eine so einzigartige positive Bedeutung hat, dass wir ihn einsetzen müssen, wenn es uns darum geht, die heute notwendigen Fortschritte im Verständnis und im Leben des Glaubens zu machen.

Er verhelfe nämlich „nicht wenigen" zu einem entschiedeneren und tieferen Glauben.

Aber wodurch? Die Gründe, die das Konzil dafür nennt, sind höchst aufschlussreich, und wir sollten sie nicht überhören:

Er läutere „das religiöse Leben von einem magischen Weltverständnis und von noch vorhandenen abergläubischen Elementen und fordert mehr und mehr eine ausdrücklicher personal vollzogene Glaubensentscheidung, so dass nicht wenige zu einer lebendigeren Gotteserfahrung kommen". (Kirche und Welt 7)

In diesem kurzen Text wird uns gesagt, wodurch wir das „wahre Antlitz Gottes" verhüllen und wodurch wir es offenbaren: Wir verhüllen es, wenn unser Glaubensverständnis noch von einem „Weltbild" mitbestimmt ist, über das die Menschheit längst hinausgewachsen ist, wenn es noch „abergläubische Elemente" [71] enthält. Solche waren in der Vergangenheit, die noch gar nicht lange zurückliegt, aus zeitbedingten Gründen weithin im Denken und Leben der Glaubenden mit dem, was ihnen das Wort Gottes sagte, verschmolzen.

Sie leben auch heute noch - mehr als wir ahnen, nicht nur in „primitiven" Denkweisen, sondern auch auf höherer, theologischer Ebene - in unserem Glaubensbewusstsein weiter.

Sie lassen, wenn sie nicht erkannt und ausgeschieden werden, unsere Botschaft von vornherein als unglaubwürdig erscheinen.

Wir offenbaren das wahre Antlitz Gottes dann, wenn wir „mehr und mehr", also immer von neuem, „personal", mit dem Einsatz unserer ganzen Existenz, die eigentliche Entscheidung zum Glauben vollbringen, - auf Gott hin, den „keiner je gesehen" hat (Joh 1,18; 1 Joh 4,12), der uns also erscheint wie das Nichts, und wenn wir uns von der „lebendigen Gotteserfahrung", die wir auf diesem Weg - nur auf dem Weg solcher „personaler" Entscheidung! - machen können, leiten lassen und diese durch unser Leben anderen bezeugen.

Tun wir das, dann helfen wir mit, die Aufgabe der Kirche zu erfüllen, in der das Konzil das „Heilmittel gegen den Atheismus" sah: „Gott den Vater und seinen Mensch gewordenen Sohn präsent und sozusagen sichtbar zu machen, indem sie [die Kirche] sich selbst unter der Führung des Heiligen Geistes unaufhörlich erneuert und läutert." (Kirche und Welt 21)

Lassen wir uns durch das, was wir bis jetzt bedacht haben, nochmals eindringlich sagen, wie wir als Christen unsere Situation in der „Welt von heute" zu beurteilen haben.

Sie ist nicht der verhängnisvolle Unglücksfall, wie viele ihn beklagen. Wenn wir wirklich an Gott glauben, an ihn als den Herrn der Geschichte der ganzen Menschheit, der in allem, was geschieht, seinen Plan durchführt, auch in allem, was Menschen gegen ihn und seinen Willen tun, dann haben wir in allem, was wir erleben, die Vorsehung Gottes immer mit am Werk zu sehen und in unser Verständnis dessen, was geschieht, mit einzu-beziehen.

Dann haben wir auch Menschen, die nicht an Gott glauben, ja sogar die, die uns feindlich gesinnt sind, gegen den Gottesglauben ankämpfen und ihn zu vernichten trachten, im Licht Gottes zu sehen.

Das gebietet, nicht nur zu hoffen, Gott, der Liebe ist, werde Wege wissen, auch sie das Ziel erreichen zu lassen, auf das wir im Glauben unterwegs sind, sondern auch zu fragen, was Gott uns durch sie sagen will.

Mit seinen Erklärungen zur Gotteskrise hat das Konzil aufgegriffen, was einzelne Theologen[72] schon längst erkannt und wie Propheten der Kirche zu bedenken gegeben haben.

„Wir Christen haben immer wieder gezählt mit einem Gott, den wir berechnen können, den wir fast mit unseren Augen zu sehen vermeinen. Wir haben niemals richtig geglaubt an den Gott, wie er wahrhaft im Alten und Neuen Bund steht... Es ist die Stunde der Götterdämmerung und die Stunde des Aufgangs des eigentlich wahren Gottes." So predigte einer von ihnen im letzten Jahr des Zweiten Weltkriegs, der hellsichtige Denker Erich Przywara.

Hans Urs von Balthasar, einer der großen Theologen im vorigen Jahrhundert, rief kurz danach dazu auf, in dem unheimlichen Erscheinungsbild einer atheistisch werdenden Welt eine „Zwangsmaß-nahme" Gottes zu sehen, um die Menschheit und vor allem uns Christen zu einem „größeren" Denken von Gott zu bewegen. Joseph Ratzinger, unser jetziger Papst, hat als theologischer Lehrer seinen Studenten erklärt, wie Gott seine Heilsgeschichte wirkt: nicht nur durch die Frommen und Gläubigen, sondern auch durch die Ketzer und Atheisten.

Beide seien notwendig, um die wahre religiöse Bewegung in Gang zu halten. Karl Rahner, gleichfalls eine prophetische Stimme in der uns zugemuteten Gotteskrise, warnte davor, den „Atheismus unserer Zeit" als uns herausforderndes „Zeichen der Zeit" zu übersehen.

Er schaffe im Grunde nur die Götzen ab, die eine vergangene Zeit harmlos und schrecklich zugleich mit dem wahren lebendigen Gott in eins setzte. Deshalb müsse es ihn, nicht in der Negativform, wie in unserer Umwelt, sondern „positiv" auch in der Kirche geben.

Aber die Kirche weigere sich noch weithin, sich dieser Aufgabe zu stellen.

Das Antlitz Gottes suchen - „zuerst" und „stets von neuem"

Fragen wir nun, was es heißt, „größer" von Gott zu denken, so von Gott zu denken, dass dabei alle „Bilder", die wir uns von Gott machen, aufgebrochen werden und dabei das „wahre Antlitz" Gottes aufgehen kann. Eine erste Antwort geht schon aus der Aufgabe hervor, die wir zu Beginn dieser Besinnung aufgegriffen haben, in der uns ans Herz gelegt wird, was wir heute als Christen

„zuerst" zu tun hätten: „stets von neuem das Antlitz des lebendigen Gottes suchen."

Vielleicht ist uns aufgefallen, dass wir ein ähnlich klingendes Wort schon aus dem Evangelium kennen: „Suchet zuerst das Reich Gottes! Dann wird euch alles andere hinzu-gegeben". (Mt 6,33)

Es scheint also heute für uns auf neue Weise aktuell zu werden, was schon Jesus als erste und wichtigste, allem anderen vorzuziehende Aufgabe genannt hat. Beide Worte fordern dazu auf, Gott zu „suchen". Und in beiden Worten ist ein unablässiges, ein „stets von neuem Suchen" gemeint. Daraus können wir schon entnehmen: Gott, die Wirklichkeit, die mit diesem Wort gemeint ist, können wir nie so finden oder gefunden haben, dass wir nicht von neuem „suchen" müssten. Als Menschen können wir während unseres irdischen Lebensweges mit Gott niemals „fertig" werden.

Wir sind auf ihn hin immer unterwegs. Und Gott erweist sich darin als der Lebendige, dass er uns anstößt, auf dem Weg des Glaubens stets von neuem aufzubrechen, um Schritte solchen Suchens auf ihn hin zu tun.

Wenn uns heute die „Zeichen der Zeit" auffordern, „größer" von Gott zu denken, dann dürfen wir nicht darauf aus sein, etwas Neues von Gott zu hören. Es geht dabei vielmehr darum, das, was wir von Gott längst wissen und bekennen, von neuem zu bedenken, „radikal", von seinen „Wurzeln", seiner tiefsten Tiefe her ernst zu nehmen und im Leben zu verwirklichen. An zwei solcher uns vertrauten Glaubenswahrheiten können wir uns darin üben, zu einem „größeren" Denken von Gott aufzubrechen: an der Aussage, dass Gott „unbegreiflich", unbegreifliches „Geheimnis" ist, und an dem „Hauptgebot", das wir als Christen kennen, der Liebe zu Gott und den Menschen „aus ganzem Herzen", in der wir nicht nur unseren Glauben „praktizieren" sollen, sondern in die hinein unser Glauben übergehen, sich in solcher Liebe „aufheben" muss, wenn wir in unserem Glauben wirklich auf den wahren und lebendigen Gott zugehen wollen[73].

„Wenn du etwas begreifst, ist es bestimmt nicht Gott!"

In der Heiligen Schrift zieht sich das Bekenntnis zur Unbegreiflichkeit Gottes wie ein roter Faden durch alle Aussagen, die von Gott gemacht werden. Es ist so etwas wie der Goldgrund einer Ikone, der uns alles, was vordergründig darauf gemalt wird und zu sehen ist, erst recht verstehen lässt. Dieses uralte Bekenntnis zu Gott als unbegreifliches Geheimnis gilt es heute zu erneuern, als das Erste und Letzte zu verstehen, was im Hinblick auf Gott gedacht, gesagt und bekannt werden muss, gleichsam als die Klammer, in die alles andere, was über Gott gedacht und gesagt werden kann, einzuschließen ist. Oder als der Appell, jeden Gedanken und jedes Wort, in denen wir Gott oder etwas von ihm zu erfassen suchen, aufzubrechen nach einem Geheimnis hin, das immer noch größer ist, als wir es denken können.

Das verlangt einen entschlossenen Aufbruch aus unserem gewohnten Denken und „Umgang" mit Gott, in dem wir aus allem, was wir von Gott hören und zu wissen meinen, eben doch einen menschlich „begreiflichen" Gott entstehen lassen, uns ein „Bild", eine Vorstellung von Gott machen, die - wäre sie auch noch so „geistig" - uns sein „wahres Antlitz" verhüllt. Der heilige Augustinus hat das, was immer mit zu bedenken ist, wenn von Gott die Rede ist, auf eine kurze und prägnante Formel gebracht: „Wenn du etwas begreifst, ist es bestimmt nicht Gott!" [74]

Die sollten wir uns merken und uns gelegentlich daran erinnern, wenn wir selbst an Gott denken oder etwas über ihn gesagt bekommen. Denn dann gilt immer, was das 1. Vatikanische Konzil als festzuhaltende katholische Glaubenslehre „definiert" hat: dass der wahre und lebendige Gott „über alles, was außer ihm ist und gedacht werden kann, unaussprechlich erhaben ist" [75].

Wir müssen zwar von Gott sprechen, Aussagen über ihn machen. Aber das ist nur „vergleichsweise" möglich.

Das heißt: Im Vergleich mit dem, was wir als Menschen wissen und erfahren, können wir wirklich etwas von Gott erfassen, was dem, was

wir begreifen, „ähnlich" ist. Aber wir müssen sofort hinzudenken - wie ein viel früheres Konzil es bereits erklärt hat -, dass die dabei bestehende „Unähnlichkeit", die Unvergleichbarkeit Gottes viel größer ist.

Demnach können wir über Gott und darüber, was und wie er ist, nicht die geringste inhaltliche Aussage machen, ohne uns dabei die radikale Unangemessenheit unserer Aussage mit der gemeinten Wirklichkeit einzugestehen. Wenn wir also hören oder sagen: Gott ist Liebe, dann ist dieses Wort wahr, aber nur „vergleichsweise". In Wirklichkeit ist Gottes Liebe „unaussprechlich" größer als das, was wir Menschen unter Liebe verstehen.

Wir können die Formel des heiligen Augustinus auch umkehren.

Dann gilt: Gerade dort, wo du Unbegreifliches erfährst, da kann dir aufgehen, was mit Gott gemeint ist[76].

Also wo uns als Menschen etwas widerfährt, auf was wir nicht gefasst waren und was unsere Verstehensmöglichkeit übersteigt, ein tragischer Schicksalsschlag, namenloses Leid, unentwirrbare Verstrickungen und bittere Enttäuschungen, im persönlichen Leben oder auch in den schrecklichen Ereignissen der Menschheitsgeschichte, die wir miterleben, Situationen also, in denen spontan die Frage in uns aufbricht: Wie kann Gott das zulassen? - da sollten wir uns dazu durchringen, auch anders zu fragen: Wie denken wir uns eigentlich Gott, wenn wir so fragen? Nicht doch nach unserem menschlichen Maß und Ermessen?

Als einen Gott, von dem wir zu wissen meinen, wie er eigentlich sein und wie er sich verhalten müsste? Da dürften wir nicht Gott, sondern müssten unser Denken von Gott in Frage stellen.

Indem wir so Unbegreifliches, das uns widerfährt, das wir nicht ändern können, vor dem wir als Menschen kapitulieren müssen, schweigend annehmen, ereignet sich darin zugleich die Annahme Gottes als des unbegreiflichen Geheimnisses. - Könnte es nicht sein, dass es in unserem konkreten Leben solcher unbegreiflichen Widerfahrnisse bedarf, wenn wir nicht einem kleinen und kindlichen Denken von Gott verhaftet bleiben und nicht nur an unsere eigene Gottesidee, sondern an den wirklichen lebendigen Gott glauben sollen?

Im Glauben „sich Gott total in Freiheit überantworten"

Erinnern wir uns in einem weiteren Schritt unserer Besinnung an die Antwort, die Jesus gab, als er gefragt wurde, was wohl das „größte Gebot", also das Allerwichtigste sei, was wir in unserem Leben als Mensch zu befolgen hätten. Er sagt, mit Worten aus dem Alten Testament, dass wir Gott und „den Nächsten" lieben sollen, und zwar so, dass wir das Gebot der Nächstenliebe als dem der Liebe zu Gott „gleich" zu erachten haben (Mt 22,37ff).

Wir können hier nicht dem nachgehen, wie wir das genauer zu verstehen haben.

Nur eines dürfen wir nicht überhören:

Mit „Liebe" ist, nach allem, was sich dazu aus der Heiligen Schrift so deutlich wie möglich ergibt, selbstlose, sich hingebende Liebe gemeint, Liebe, in der wir dem Liebenden nicht „etwas" von uns hingeben, sondern uns selbst, unser „Herz", bis hin zum „Sich-Verlieren", zur „Preisgabe" unseres eigenen „Ich". Denken wir nur an das Wort Jesu, in dem er uns warnt, das eigene Leben bewahren und retten zu wollen, und demjenigen, der sein Leben liebend zu verlieren bereit ist, verheißt, darin sein wahres Leben zu finden. (Mk 8,34f)

Für unsere Frage kommt es darauf an, neu zu sehen, welche Bedeutung solche Liebe für das Suchen des Antlitzes Gottes hat.

Wir sind gewohnt, Glauben und Lieben als zwei verschiedene Lebensvollzüge zu betrachten.

Beim Glauben denken wir noch meist an die „Glaubenswahrheiten", die wir annehmen und bejahen sollen.

Von daher könnten wir meinen, beim Suchen des Antlitzes Gottes ginge es vorrangig darum, dieses so zu erkennen, dass wir diese Wahrheit auch in Worte fassen und aussprechen können. In Wirklichkeit sind aber Glauben-an-Gott und Gott-Lieben aufs innigste Miteinander verbunden, ja im tiefsten Grunde unseres Herzens ein einziger Vorgang. Dazu können wir nochmals auf ein Wort des Konzils zurück-greifen:

„Im Glauben überantwortet sich der Mensch Gott als ganzer in Freiheit." (Offenbarung 5)

So beschreibt das Konzil, was im eigentlichen Sinn mit „Glauben" gemeint ist, was in ihm das Aller-wichtigste ist, was im Glauben zwischen Mensch und Gott geschieht, in einer tieferen Schicht unseres Wesens als es die ist, in der wir zu einzelnen Glaubenswahrheiten Ja sagen. Schärfer kann man gar nicht ausdrücken, wie Glauben und

Lieben auf Gott hin zusammengehören und im Grunde eines sind.

Dann sagt uns das aber: Alle Glaubenswahrheit, die wir von Gott kennen und bekennen, hat darin ihren Sinn, ist nur dann wirklich und ganz „wahr", wenn sie uns dazu anstößt, in Freiheit dieses totale „Sich-Verlassen-auf-Gott" zu vollbringen., oder - vorsichtiger gesagt - wenn sie ein Zeichen dafür ist, dass wir in der Tiefe unseres Herzens, „unter" allem Denken und Reden, uns vertrauend und liebend Gott „überantworten" wollen. Das kann aber immer nur geschehen, wie wir überlegt haben, auf Gott als unbegreifliches Geheimnis hin, für unsere Augen wie ins „Nichts" hinein.

Deshalb muss dieses Sich-ganz-Verlassen-auf-Gott, um das es im Glauben geht, immer anfangen und sich stets erneuern in der liebenden Hingabe an den „Nächsten", den wir sehen (vgl. 1 Joh 4,20), bis sie sich vollendet in unserem Sterben, in dem wir uns wirklich total und ohne noch etwas von unserem „Ich" zurückhalten zu können, Gott überantworten werden.

Damit zeigt sich uns, wie wir unsere allerwichtigste Aufgabe, stets von neuem das Antlitz des lebendigen Gottes zu suchen, anzugehen haben: nicht im zermürbenden Grübeln, „ob es Gott gibt", wer und wie er ist, wo und wie wir uns seiner vergewissern können, in der Erwartung ungewöhnlicher

„mystischer" Erlebnisse, im Bestreben, durch alle möglichen „Wunder" in unserem Glauben „sicher" zu gehen, sondern in der nüchternen Annahme der Wirklichkeit, wie sie ist, unserer selbst, der Verfügungen über uns, deren wir uns erfreuen und die wir erleiden, vor allem aber in der Annahme des „Anderen", des nächst besten Menschen, wenn er für uns zu einem Anruf wird, dem wir vertrauend und uns hingebend antworten sollen.

Wenn ein Mensch das tut und so das wahre Antlitz Gottes sucht, dann findet er es nicht so , dass ihn das davon entbindet, stets von neu-em weiter zu suchen.

Aber er erfährt dabei doch etwas von dem, den er sucht. Er erfährt auf merkwürdige „geheimnisvolle" Weise, auf dem rechten Weg zu sein, in solcher Hingabe wahrhaft „menschlich" zu werden, so, wie es der Wahrheit unseres Menschseins entspricht, im Grunde glücklicher, „seliger" zu sein, als wenn er nur sich selber sucht und nach dem strebt, was ihm selber nützt. „Geben ist seliger als Nehmen" - dieses Wort Jesu (Apg 20,35) ist zum geflügelten Wort geworden. Es spricht offenbar etwas aus, was viele Menschen erfahren und bestätigen können.

Ja, mehr noch: In solcher Tat des Glaubens erfahren wir, dass der, dem wir uns auf diese Weise „überantworten", im Grunde schon „da" ist, als die Kraft, die uns über uns selbst hinauswachsen lässt, als der Trost, der uns dabei begleitet, als das, was in der Heiligen Schrift und in der Sprache des Glaubens „Heiliger Geist" genannt wird, als Gott selbst, der als „Geheimnis" uns - und einem jeden Menschen! - „innerlicher" ist, als wir selbst es uns sind[77].

Gott suchen - „auf dem Antlitz Christi"

Schauen wir am Ende unserer Besinnung auf das Antlitz Christi. Auf ihm leuchtet, wie der Apostel Paulus einmal sagt, die Erkenntnis Gottes auf, wenn wir es in dem Licht betrach-ten, das Gott schon zuvor in unserem Herzen entzündet hat. (2 Kor 4,6)

Für uns Christen ist der Mensch Jesus das „Wort", in dem Gott sich ausgesagt hat, das Mensch gewor-dene, letzte Wort Gottes, über das hinaus kein weiteres Wort Gottes zu erwarten ist.

In diesem „Wort" ist alles gesagt, was von Gott gesagt werden kann. In ihm ist, wie wir in unserer Glaubenssprache sagen, die „Offenbarung" Gottes abgeschlossen.

Aber was sagt uns dieses „Wort"? Da denken wir meist an viele einzelne Worte, die Jesus gesagt hat und die uns als Evangelium verkündet werden. Aber Jesus ist „Wort Gottes" in einem noch tieferen Sinn: Er ist Mensch wie wir, in allem uns gleich, die Sünde ausgenommen (Hebr 4,15), zugleich aber ist er, anders als wir, so einzigartig „geeint" mit Gott, dass er in seinem Menschsein die Selbst-Aussage Gottes, die Zusage Gottes an uns Menschen ist, die uns sagt, wie Gott uns liebt, wie nahe er uns ist, wie er als Geheimnis der Liebe uns bewegt, dieser Liebe zu antworten, durch die liebende Hingabe unseres Lebens im „ewigen Leben", im Geheimnis Gottes die Vollendung unseres Lebens zu finden.

Das geschieht, indem dieser Mensch uns' in seinem Leben und Sterben vorangeht auf dem Weg, auf dem wir dieser Vollendung entgegengehen, als „Anfänger und Vollender des Glaubens". (Hebr 12,2) 83

Können wir, was der Mensch Jesus als „Wort" Gottes ist, in einem einzigen Wort, zusammengefasst, hören?

Einer der großen Suchenden im Glauben, Nikolaus von Kues (+ 1464), zeigt uns dazu einen Weg, dem wir nach allem, was wir bedacht haben, folgen können.

Er ist der „großen Stimme" dieses „Wortes" nachgegangen, wie sie in einer langen Geschichte zu hören war, in den Propheten des Alten Bundes bis auf Johannes dem Täufer, zuletzt, nachdem sie „Menschengestalt angenommen" hat, in den Worten und Taten Jesu.

Aber am lautesten hat diese „große Stimme"
gesprochen, als Jesus seinen Geist aufgab, in dem
„großen Schrei", mit dem er verschied (Mk 15,37).
Für unsere Frage heißt das: Höre, wie dieses „Wort"
Gottes, das der Mensch Jesus ist, ausklingt, wie die
„große Stimme", die aus ihm spricht, ihr Schlusswort sagt, das Schlusswort, auf das hin alles, was sie
vorher gesagt hat, vorläufig war, das alles enthält,
was sie zu sagen hat! Höre es so, dass du dabei
vernimmst, wie diese „große Stimme" auch - wie
Nikolaus von Kues sagt - „in der Tiefe unseres
Geistes ertönt"[78]! Heutige Theologen greifen das
auf[79]. Im Lichte der heutigen „Gotteskrise" als
unübersehbarem „Zeichen der Zeit" erkennen sie,
wie in diesem wortlosen Schrei, mit dem das Leben
des Menschen, der das letzte „Wort Gottes" ist,
ausklingt, alles eingeschlossen ist, was Gott uns
Menschen sagen konnte.

Denn was sagt dieser Schrei? Oder richtiger: Was
geschieht in ihm?

Aus den Passionsberichten der Evangelien kennen
wir einige Worte, die Jesus am Kreuz gesagt haben
soll, ehe er mit einem lauten Schrei starb. Aus ihnen
können wir heraus-hören, wie dieser Schrei als
Schlusswort der Offenbarung Gottes zu verstehen
ist.

Da hören wir ein Wort, das ausspricht, wie auch
dem Menschen Jesus Gott als unbegreifliches

Geheimnis aufgegangen ist, sein ganzes Leben schließlich mündet in eine einzige große Frage nach Gott, nach seiner Gerechtigkeit, seiner Liebe, seiner Existenz: „Mein Gott, mein Gott, warum hast du mich verlassen?" (Mt 27,46) Dem folgt aber das andere Wort, das Wort letzten, unbedingten Vertrauens und liebender Hingabe: „Vater, in deine Hände lege ich meinen Geist."(Luk 23,46) Was diese beiden Worte sagen, wird in diesem letzten wortlosen Laut, die Grenzen dessen, was Menschen aussprechen können, durchbrechend, eins und zeigt an, was nicht mehr in Worten, sondern in der wortlosen Tat dieses Sterbens geschieht.

Und der, der in diesem wortlosen Laut ange-rufen wird? Er greift nicht ein durch eine rettende Tat, wie wir Menschen sie erwarten. Aber er erhört diesen Ruf (Hebr 5,7).

Er rettet den Sterbenden aus seiner Todesnot, indem er ihm das viel Größere gibt, sich selbst als Geheimnis des Lebens und der Liebe, indem er ihn aufnimmt in sein „ewiges Leben". Gerade dann, wenn er uns Menschen seine Unbegreiflichkeit so aufgehen lässt, dass wir meinen können, „es gibt ihn gar nicht", ist er der „Ich-bin-da", wie es Moses erfuhr, als er nach seinem Namen fragte. Er ist der „Ich-bin-da" längst ehe der Mensch so ruft. Weil er selbst es ist, der durch seinen Heiligen Geist im Herzen des Glaubenden das Wort unbedingten

Vertrauens mitspricht (Röm 8,15f) und der tragende Grund für ihn ist, sich ins Geheimnis Gottes „aufzugeben". Als der immer Gegenwärtige und Wirksame in den Herzen der Menschen und in der Menschheitsgeschichte bewirkt er auch, dass Menschen bezeugen können, wie die Geschichte seines „Wortes" zu Ende gegangen ist: dass der, der sich in die Hände des Vaters fallen ließ, dort auch angekommen ist, wie es diejenigen, die ihm als Erste auf dem Weg des Glaubens nachfolgten und seine Auferweckung erfuhren, als Frohe Botschaft verkündigten.

In solchem Suchen des Antlitzes des lebendigen Gottes auf dem Antlitz Christi können wir entdecken, was mit dem „Fundament" des christlichen Glaubens gemeint ist: nicht Worte, sondern etwas, was zur Wirklichkeit unseres Menschseins gehört, was zwischen Gott und uns Menschen geschieht: indem Gott als unbegreifliches Geheimnis sich uns Menschen so hingibt, so eins mit uns wird, dass uns unsere Hingabe an ihn, unser „Hineinsterben" in das Geheimnis, das Gott ist, wirklich gelingt.

Wir sind noch nicht am Ende unseres Weges angekommen, an dem wir uns total Gott überantworten werden. Wir sind noch unterwegs. Aber wir können auf unserem Weg stets von neuem auf das „Schlusswort" hören, in dem der, der das „Wort Gottes" ist, am lautesten geredet hat, in dem alles eingeschlossen ist, was von und über Gott - vorher oder nachher - gesagt werden kann. Wir können es so hören, dass wir dabei vernehmen, wie diese „große Stimme" auch in der Tiefe unseres Herzens ertönt - und auch dort „ausklingen" will, im schweigenden „Sich-Verlassen-auf-Gott". Wenn wir so das Antlitz des lebendigen Gottes suchen, dann dürfen wir hoffen, dass uns alles andere hinzu gegeben wird, auch „Fortschritte" auf dem Weg des Glaubens, in denen der, auf den wir uns dabei verlassen, uns sein Da-Sein, seine Nähe und Liebe, seinen helfenden Beistand darin erfahren lässt, dass wir sie wirklich tun.

Ich möchte unsere „Einkehr" zu einem Aufbruch im Glauben leise schließen, in der Stille, in der vielleicht etwas von dem geschehen kann, was wir bedacht haben. Und vergessen wir, wenn wir unseren Weg des Glaubens weitergehen, nicht, dass solcher Aufbruch nach innen als „erste Aktivität" alles andere begleiten sollte, worin wir uns um einen „Aufbruch der Gemeinden" bemühen.

KARL RAHNER

Die schwere Seligkeit, ein Christ zu werden[80]

Wir alle sind Anfänger im Christentum.

Christentum aber bedeutet

JESUS CHRISTUS als den annehmen,

der Anfang und Ende aller Wirklichkeit,

auch unseres Lebens ist.

Nicht als ob dadurch alles klar würde.

Im Gegenteil IHN annehmen,

heißt den Sterbenden annehmen, der sich

in die Unbegreiflichkeit GOTTES fallen lässt.

Das aber bedeutet das Verbot, irgend etwas in diesem finsteren Dasein als endgültig selbstverständlich, als definitiv durch uns manipulierbar und als uns untertan zu behaupten.

IHN annehmen, heißt aber im konkreten Leben annehmen, dass die Unbegreiflichkeit, in die ER sich fallen ließ, das ewige Licht und die ewig gültige Liebe ist.

Wir sind Anfänger im Christentum.

Aber es ist die schwere Seligkeit des Lebens,

ein Christ zu werden, einer, der immer wieder sagt:

„HERR, zu wem sollen wir gehen?

DU hast Worte des ewigen Lebens,

und wir haben geglaubt und erkannt,

dass DU der Heilige GOTTES bist."

(Joh 6,68-69)

Nachweise und Ergänzungen

Die Vision des Papstes Johannes XXIII, zum Aufbruch der Kirche

1   Nach Gregor I.(590-604) wurde ein Kandidat geweiht, den Gregor für „zu alt" gehalten hat, weiterhin die römische Kirche in Konstantinopel als Apokrisiar (Gesandter) zu vertreten: Sahinian (604-606). Dem hervorragenden Innozenz III (1198-1216) folgte der „betagte und gebrechliche" Honorius III.1216-1227).

Während der letzten 600 Jahre waren außer Papst Johannes XXIII. acht Päpste bei ihrer Wahl älter als 75 Jahre. Das lässt fragen, ob ihr Alter mit ausschlaggebend für ihre Wahl war. Bei einigen von ihnen, z.B. dem zweiten „Renaissance-Papst" Calixtus III. (1455-1458), ist das offensichtlich.

2   Giovanni Battista Montini war seit 1924 in der Kurie tätig, zuletzt als Pro-Staatssekretär.

Er wurde am 1.November 1954 überraschend zum Erzbischof von Mailand ernannt.

Der Grund für seine Entfernung aus der Kurie waren kirchenpolitische Differenzen zwischen ihm und Papst Pius XII. Diese hatten auch zur Folge, dass der Papst ihm die traditionell übliche Ernennung zum Kardinal versagte. Johannes XXIII, der sich bewusst war, dass Montini der „eigentliche" Favorit im Konklave 1958 gewesen wäre, holte Ernennung in seinem ersten Konsistorium nach.

Er hielt ihn für seinen Nachfolger und sprach das auch unbefangen aus.

3   Vgl. Lawrence Ellliott, Johannes XXIII. Das Leben eines großen Papstes, Freiburg, [3]1974, 231f; Peter Hebblethwaite, Johannes XXIII.

Das Leben des Angelo Roncalli, Zürich 1986, 365f; Giuseppe Alberigo, Johannes XXIII. Leben und Wirken des Konzilspapstes, Mainz 2000, 149f.

4   Vgl. Geschichte des Zweiten Vatikanischen Konzils (1959-1965), Bd. I, Die Kath. Kirche auf dem Weg in ein neues Zeitalter, hg. von Giuseppe Alberigo. Deutsche Ausgabe hg. von Klaus Wittstadt, Mainz/Leuven 1997, Bd. I,1.

5 Elliot, 268

6 Hebblethwaite, 411f.

7 Vgl. CIC §337 1 (CIC/I917: 228 6 1).

Die jetzige Liste der von der römisch-katholischen Kirche anerkannten Konzile geht auf R. Bellarmin zurück. Aber die Konzilsgeschichte wirft hinsichtlich deren Zahl und Kompetenz Fragen auf, die nicht alle schon als definitiv beantwortet gelten können. Vgl. Klaus Schatz, Allgemeine Konzilien - Brennpunkte der Kirchengeschichte, Paderborn 1997, 13-20.

8 DH 3064 und 3074.

9 Kardinal Billot (1846-1931) sagte das voraus, weil ein Konzil „so aufwendig, unbequem, voll von Problemen und Gefahren jeder Art" sei. Vgl. Schatz, 263. Andere begründeten das aus den Definitionen der „Macht" und „Unfehlbarkeit" des Papstes.

Vgl. Alberigo-Wittstadt I, 74.

10 Dass die Kirche hinter Entwicklungen, die in der heutigen Menschheit vor sich gehen, zurückgeblieben sei, hat der Papst ausdrücklich in seiner Ansprache am 14. Juni 1959 vor dem Griechischen Kolleg und in der ersten Vollversammlung der vorbereitenden Kommission am 30. Juni 1959 erklärt: die Kirche müsse „sich anpassen", weil sich so viel „in der modernen Welt gewandelt" habe, „sowohl unter den Gläubigen, wie auch in der Lebensweise, die sie führen müssen".

Vgl. den Bericht Herkorr 13(1958/59)515.

In der Ansprache zur Eröffnung des Konzils bezeichnete er als dessen Hauptaufgabe einen „Sprung nach vorwärts, der einem vertieften Glaubensverständnis und der Gewissensbildung zugute kommt".

In der lateinisch vorgetragenen Fassung der Ansprache fehlt zwar dieses Stichwort.

Aber es wird gesagt, „die sichere und bestän-dige Lehre, der gläubig zu gehorchen ist, muss so erforscht und ausgelegt werden, wie unsere Zeit es verlangt". Der Papst hat darauf bestanden, dass auch sein Entwurf der Ansprache in italienischer Sprache veröffentlicht wurde, damit deutlich werde, „dass sie vom ersten bis zum letzten Wort von mir stammt".

In dieser Fassung hat er auch selbst diese Eröffnungsansprache zitiert, z.B. in der Weihnachtsansprache an das Kardinalskollegium am 23.12.1962. Vgl. Ludwig Kaufmann/Nikolaus Klein, Johannes XXIII. Prophetie im Vermächtnis, Fribourg/Brig 1990, 107-115; der Text der Ansprache hier 116-150. Von einem „Sprung vorwärts... auf dem Weg des Reiches Christi in der Welt" sprach der Papst auch zum Abschluss der ersten Sitzungsperiode des Konzils am 8.12.1962. Alberigo, 159. Wie der Papst die Situation der Kirche beurteilt hat, wird in seiner Warnung deutlich, die Kirche als ein „Museum" zu verstehen, das zu bewahren sei, und in seiner Erwartung eines „neuen Pfingsten", das er für notwendig hielt.

So notierte er z.B. am l0. Oktober 1958 unmittelbar nach dem Tod von Pius XII.:

„Ein von mir oft wiederholter Satz: Wir sind auf Erden, nicht um ein Museum zu bewachen, sondern um einen voller Lebenskraft blühenden Garten zu pflegen, dem eine herrliche Zukunft bestimmt ist." Alberigo, 118, vgl. auch 124. Unmittelbar vor dem Konklave forderte er einen Freund auf, zu beten, „dass der Nachfolger Pius XII. uns nicht eine Lösung bringe, die nur Fortdauer bedeutet, sondern einen Fortschritt, welcher der ewigen Jugend der Kirche ent-spricht." Vgl. Helmuth Nürnberger, Johannes XXIII., Reinbek 1985, 110.

Er zitierte gern einen Lieblingsgrundsatz Papst Gregors I.: „Der Geist wünscht immer, aufs Neue zu beginnen." Hebblethwaite, 338.

Das Stichwort eines „neuen Pfingsten" nahm er auch in das Gebet zur Vorbereitung des Konzils auf. Hebblethwaite, 355f; 421.

11   Vgl. Alberigo, „Aggiornamento", in LThK I, Freiburg, [3]1993, 231. Nach dem Konzil - durch die Bischofsynode 1985 - wurde das Verständnis des „sogenannten Aggiornamento" offiziell umgedeutet.

Von einer Selbstkritik der Kirche war nicht mehr die Rede. Als „der wahre Sinn" dieses Wortes wurde die Reinigung der „menschlichen Belange" wie Menschenwürde, Menschenrechte, Frieden und Freiheit herausgestellt, die diese durch die „missionarische Öffnung" der Kirche zum Heil der Welt in seiner Fülle" erfahren müssen. Vgl. die Dokumente der außerordentlichen Bischofssynode 1985: Zukunft aus der Kraft des Konzils, Freiburg 1986, hier 41 zu „Aggiornamento'.

Kritisch hierzu: J. Komonchak, Die theologische Diskussion, in dem Concilium-Heft zur Auswertung dieser Synode: 22(1986)444 - 451, hier 451 Anm.7.

12 Vgl. z.B. das Einberufungsschreiben „Humanae salutis" vom 25.12.1961:

„Angesichts dieses doppelten Schauspiels - dort die große geistige Not der Menschheit, hier der blühende Lebensreichtum der Kirche Christi - hielten wir es bereits seit Beginn unseres Pontifikats... für eine schwere Pflicht, unser Augenmerk darauf zu richten, mit Hilfe aller unserer Kinder die Kirche für die Lösung der gegenwärtigen Probleme geeigneter zu machen." Alberigo-Wittstadt I,191.

13 Am 25.1.1935 hielt er in Istanbul auf französisch eine Predigt zum Abschluss der Gebetswoche für die Einheit der Christen, in der er diese Formel gebrauchte, die sich kaum merklich von jener katholisch gebräuchlichen „Rückkehr zur Einheit" unterschied, welche die Orthodoxen als eine römische Zumutung fürchteten. Vgl Hebblethwaite,188f., wo das kommentiert wird: „Sein Gebet galt einem Ziel jenseits menschlicher Macht allein.

Er räumte ein, dass der Weg dorthin ständig vom menschlichen Egoismus bedroht war.

Aber er beharrte darauf, dass er da war als eine Hoffnung am Horizont." - Derselbe Autor stellt allerdings auch fest: „Es dauerte lange, bis Roncalli den Begriff der „Rückkehr" (ritorno), der von den getrennten Brüdern für beleidigend gehalten wurde, fallen ließ." Ebd.,163.

14 Hebblethwaite, 409. - In der Presseerklärung wurde das abgeschwächt zu einer neuerlichen Einladung „an die Gläubigen in getrennten Gemeinschaften, uns ebenfalls zu folgen, mit gutem Willen, auf dieser Suche nach Einheit und Gnade", ebd. Vgl. auch das vorausgegangene „lakonische Kommuniqué", das von einer „Einladung an getrennte Gemeinschaften, die Einheit zu suchen", spricht, ebd., 411.

15 Johannes XXIII. Leben und Werke.

Eine Dokumentation, hg. v. d. Herder-Korrespondenz, Freiburg 1963, 24. Hier auch die zitierten Worte über die Notwendigkeit des Aggiornamento unserer Kirche und die Aussichtslosigkeit vorheriger ökumenischer Bemühungen.

16 Der Papst hatte deren Einladung „gegen den Widerstand der Kurie" durchgesetzt. Pesch, 88. Vgl. Alberigo-Wittstadt I, 213-218. Papst Johannes Paul II. würdigt in seiner Enzyklika „Ut unum sint", Nr.17 und 30, den Anteil, den die anderen christlichen

Gemeinschaften durch diese „Beobachter" und die Vermittlung des Einheitssekretariats an den großen Debatten über die Offenbarung, die Kirche, das Wesen des Ökumenismus und die Religionsfreiheit gehabt haben.

17   In einigen späteren Aussagen beruft sich der Papst auf eine plötzliche Eingebung während eines Gesprächs mit seinem Staatssekretär am 20.1.1959. Er hat aber nachweisbar schon kurz nach seinem Amtsantritt von der Notwendigkeit gesprochen, ein Konzil abzuhalten. Kardinal Franz König berichtet, der Papst habe ihm kurz nach der Einberufung des Konzils in einer Privataudienz gesagt:

„Während der Weltgebetsoktav im Jänner (1959) kam mir ganz plötzlich angesichts der schmerzvollen Trennung unserer christlichen Kirchen der Gedanke, ein Konzil einzuberufen. Ich dachte zuerst, es sei eine Versuchung Satans. Ein Weltkonzil in der heutigen Zeit schien mir etwas ungeheuer Großes und Schwieriges zu sein.

Aber der Gedanke ließ mich nicht los und wurde, während ich betete, immer intensiver, so dass ich mir zum Schluss gesagt habe:

„Das kann doch nicht der Satan sein, es muss der Heilige Geist sein, der mir diesen Gedanken eingegeben hat." Franz Kardinal König, Offen für Gott - offen für die Welt. Kirche im Dialog, hg. v. Christa Pongratz-Lippit, Freiburg 2006, 29.

Am 13.10.62 erklärte der Papst in einer Ansprache an die Beobachter aus den anderen Kirchen zu dieser Frage: „Was mich betrifft, so möchte ich keine besondere Eingebung für mich in Anspruch nehmen. Ich halte an dem verlässlichen Satz fest: Alles kommt von Gott." Hebblethwaite, 550f. Vgl. auch ebd., 390-412: Die Eingebung des Konzils.

18 Dieses Tagebuch wurde nach dem Tode des Papstes von dessen Sekretär Loris Capovilla veröffentlicht.

Sein Erscheinen war damals eine Sensation und wurde ein internationaler Verkaufserfolg. Die jüdische Philosophin und Politologin Hannah Arendt begann ihre Besprechung mit dem Satz: „Welch ein merkwürdig enttäuschendes und merkwürdig faszinierendes Buch!" Kaufmann/Klein, 20f.

19 Im Alter von 14 Jahren schrieb er in sein Tagebuch, das er damals begann: „Dein Wille sei der meine, und mein Wille folge immer nur dem deinen...". Als Sterbender konnte er sagen: „Ich hatte die Gnade, als Kind von Gott gerufen zu

werden: Ich dachte nie etwas anderes, ich hatte nie einen anderen Ehrgeiz". Hebblethwaite, 41 und 634. Als Bischof wählte er den Leitspruch: „Oboedientia et pax."

Er entlehnte ihn von Kardinal Baronius, stellte aber bewusst die beiden Worte um.

Das Verhältnis zwischen beiden, wie er es verstand, fand er in einem von ihm geliebten Wort Gregors von Nazianz ausgedrückt: „Voluntas Dei pax nostra." In seinem Wahlspruch wollte er sein ganzes Leben zusammen gefasst sehen. Vgl. z.B. Meriol Trevor, Pope John, London 1967, 232; Hebblethwaite, 438.

20   Am 16. Dezember 1902 trägt er in sein Tagebuch ein: „Gott ist alles: ich bin nichts.

Das genügt für heute." Johannes XXIII. Geistliches Tagebuch, Freiburg 1964, 121. Zwanzig Jahre später, anlässlich des Todes des Redemptoristenpaters Francesco Pitocchi, schreibt er dazu: „Dies wurde ein Prüfstein, der mir einen neuen unerforschten Horizont enthüllte, voller Geheimnis und geistiger Faszination." Hebblethwaite, 56.

21 Papst Johannes Paul II. sagte am Vorabend, ehe er seine erste Enzyklika „Redemptor hominis" veröffentlichte: „Wenn Gott mich mit solchen Gedanken berufen hat, dann geschah dies, damit sie in meinem neuen und universalen Amt Resonanz finden".

R. Modras,

Ein Mann der Widersprüche? Die frühen Schriften des Karol Wojtyła in: Katholische Kirche - wohin?, hg. v. N. Greinacher u. H. Küng, München 1986, 225-240, 238. Als einmal ein Krankenhausaufenthalt notwendig wurde, sagte er zu dem behandelnden Arzt:

„Sie müssen mich gesund machen, denn für einen Papst, der zurücktreten muss, gibt es keinen Platz auf dieser Erde." Der Erfurter Moraltheologe Wilhelm Ernst (+ 2001) berichtete von einem Frühstück mit dem Papst in der Zeit, in der die Enzyklika „Veritatis splendor" erwartet, ihr Erscheinen aber mehrfach verschoben wurde. Einer der Gäste habe den Papst darauf hingewiesen, dass bisher noch niemals ein Dogma mit moraltheologischem Inhalt definiert worden sei. Der Papst habe darauf geantwortet: Dann werde es Zeit, dass wir eins machen. Nach dem Bericht von Wilhelm Ernst sei in einem ihm bekannt gewordenen Entwurf des Textes der Enzyklika die Lehre Papst Pauls VI. zum Problem der empfängnisregelnden

Methodenwahl in dessen Enzyklika „Humanae vitae" als definitiv verbindlich erklärt worden, was in dem veröffentlichten Text nicht mehr der Fall war. Die Bemühungen um eine „endgültige" Antwort auf die Frage der „Frauenordination" sind zu messen an CIC 749 § 3: „Als unfehlbar definiert ist eine Lehre nur anzusehen, wenn dies offensichtlich („manifesto") feststeht."

Vgl. hierzu z.B. Sabine Demel, Frauen und kirchliches Amt. Vom Ende eines Tabus in der katholischen Kirche, Freiburg 2004, 77-92.

Den Ausspruch von Papst Johannes XXIII., in dem er sich als „leeren Sack" bezeichnet, greift Kardinal G. Lercaro in seinem „Entwurf eines neuen Bildes" auf. Lercaro, 22.

Seine Rücktrittsbereitschaft erklärte der Papst in einem privaten Gespräch mit seinem Sekretär Loris Capovilla am 28.11.1958. Hebblethwaite, 385f. Der „sehr bedenkenswerte Schlusssatz" in einem Gespräch mit Seminaristen über sein „unfehlbares Lehramt" in: Kaufmann/Klein, 61. Dort wird über das Amtsverständnis des Papstes gesagt:

„Die beiden, Angelo und Giovanni, wuchsen somit zusammen, ohne dass daraus eine Hybris des Amtes wird. Das Selbstverständnis des ersten verändert das Amtsverständnis des zweiten, nicht umgekehrt." Nicht von ungefähr hat sich ein Ausspruch von ihm wie ein Bonmot der Nachwelt eingeprägt: „Jeden Morgen beim Aufstehen sagt mir der Schutzengel: ʻAngelo, nimm dich nicht so wichtigʻ.“

22 Schon früh lernte Angelo Roncalli Vorgänge im politischen und sozialen Geschehen als „Zeichen der Zeit“, als „Ereignisse der Vorsehung, die eine Botschaft des Heiligen Geistes“ enthalten, zu verstehen, z.B. anlässlich des Besuchs des englischen Königs Eduard VII. bei Papst Leo XIII. im Jahre 1903. Hebblethwaite, 62; Geistliches Tagebuch, 150. Eine Rede, die er 1920 auf dem Nationalen Eucharistischen Kongress in Bergamo hielt, kann als Kommentar zu den damaligen „Zeichen der Zeit“, den aktuellen sozialen Konflikten, gelesen werden. Hebblethwaite, 131f. Bezeichnend für seine Deutung kirchenpolitischer Vorgänge ist eine Predigt, die er am 11. Februar 1954, 25 Jahre nach dem Abschluss der Lateran-Verträge zwischen dem Vatikan und Italien, hielt: Es sei natürlich gewesen, dass die Päpste es für ihre Pflicht gehalten haben, sich zu verteidigen, ganz gleich zu welchem Preis, „bis zu dem Tag, als es ein neues Zeichen des Himmels gab, das eine Antwort im päpstlichen Gewissen fand und so den unter anderen Umständen berechtigten Ansprüchen und Versicherungen ein Ende machte“. Von Mussolini sprach er in diesem Zusammenhang

als von einem Mann, „den die Vorsehung auf den Weg zu Pius XI. führte". Hebblethwaite, 3l4f.

In seiner Enzyklika „Pacem in terris" nennt er als charakteristische Kennzeichen der Zeit den Aufstieg der „Arbeiterklassen" auf wirtschaftlichem und sozialem Gebiet, die Tatsache, dass „sich die Frauen... täglich mehr ihrer menschlichen Würde bewusst werden", dass „es bald keine Völker mehr geben" werde, „die über andere herrschen, und keine, die einer fremden Gewalt untertan sind." DH 3974 - 3976.

Wenige Tage vor seinem Tod fragte er sich, ob nicht auch die „Beweise der Zuneigung um einen sterbenden alten Mann" als ein solches Zeichen gedeutet werden können.

Hebblethwaite, 631.

23   Schon 1928 verbrachte Angelo Roncalli das Weihnachtsfest in Konstantinopel und schrieb von dort an einen befreundeten Bischof:

„Ich wünschte, Sie wären hier, um die großen Probleme zu erörtern, die sich auf die Zukunft der Kirche beziehen - Probleme, die sich in einer völlig anderen und sehr interessanten Perspektive zeigen, wenn man sie von hier aus sieht, in diesem innersten, aber jetzt fast erschöpften Herz der

Orthodoxie, inmitten der beeindruckenden, aber trostlosen Ruinen der byzantinischen Zeit und auf der Schwelle zu der geheimnisvollen Welt des Islam, in dem es neue Regungen gibt, deren Richtung in Gottes Hand liegt." Hebblethwaite, 169.

Vgl. Alberigo 71.

24 Alberigo, 90.

25 Kaufmann/Klein, 125 -127.

26 Kaufmann/Klein, 99

27 Alberigo, 161. - Zur Notwendigkeit, zu unterscheiden zwischen dem, was „heiliger Ursprung und ewiges Evangelium", und dem, was auf veränderliche Zeitbedingungen zurückzuführen ist: Alberigo, Die Fenster öffnen.

Das Abenteuer des Zweiten Vatikanischen Konzils, Zürich 2006, 21. Der Papst erläuterte das während einer Feier der byzantinischen Liturgie im Petersdom am 13.November 1960 mit einem schönen Vergleich: „Das Wirken des Ökumenischen Konzils ist wirklich ganz und gar darauf gerichtet, dem Antlitz der Kirche Jesu neuen Glanz zu verleihen und es entsprechend den ganz einfachen und reinen Zügen zu gestalten, die es zur Zeit ihrer Geburt hatte, und sie so darzustellen, wie ihr göttlicher Stifter sie geschaffen hat: ohne Makel und Runzel.

Ihr Pilgerweg durch die Jahrhunderte ist noch weit entfernt davon, den Zielpunkt ihrer Umgestaltung im Triumph der Ewigkeit erreicht zu haben." Alberigo,160f. In der Ansprache zur Eröffnung des Konzils macht er aufmerksam auf die Unterscheidung zwischen der „Substanz" der tradierten Lehre und der „Formulierung, in der sie dargelegt wird", worauf „großes Gewicht zu legen" sei, „indem alles im Rahmen und mit den Mitteln eines Lehramtes von vorrangig pastoralem Charakter geprüft wird". Kaufmann/Klein, 136.

28 Alberigo,161f.

29 Hebblethwaite bezeichnet die Tätigkeit Angelo Roncallis in den östlichen Ländern als „ökumenische Lehrzeit". Vgl. ebd., 162,164.

30 Vgl. die zum Pfingstfest 1944 in der Kathedrale in Istanbul gehaltene Predigt.

Alberigo, 103f.

31 Xavier Rynne, Die Erneuerung der Kirche. Die 4. Sitzungsperiode des 2.Vatikanischen Konzils, Köln 1967, 292 Anm.

32 Mit diesen Worten stellte er sich am 17.10.1960 amerikanischen Juden vor.

Schon 1944 hatte er einen Brief mit den Worten geschlossen: „Immer zu Ihren Diensten und zu Diensten aller Brüder Israels." Hebblethwaite 250. Dieses Wort findet sich auch in seiner „Thronrede" und in der Enzyklika „Ad Petri Cathedram". Ebd., 376, 424.

33 So bezeichnete Angelo Roncalli den türkischen Botschafter in Paris Numan Rifal Menemengioglu, der ihm sehr freundlich begegnete und zu dem sich ein herzliches Verhältnis ergab. Elliott, 188.

34 Giacomo Manzu, Bildhauer und Grafiker, geb. in Bergamo (1908-1991).

Nach dessen persönlichen Erinnerungen ist seine „Freundschaft mit dem Papst" beschrieben in dem gleichnamigen Buch von Curtis Bill, Frankfurt/M. 1969.

35 Hebblethwaite, 607.

36 Kaufmann/Klein, 24f.

37 Hebblethwaite, 634.

38 Hebblethwaite, 26.

39 Hebblethwaite, 200. Wörtlich „Schwester Tod"; da im Deutschen - anders als im Italienischen - „Tod" ein maskulines Wort ist, empfiehlt sich „Bruder Tod".

40 Geistliches Tagebuch, 302.

41 Elliott, 289.

42 Alberigo, 212; Hebblethwaite, 612.

43 Kaufmann/Klein, 77. Dort wird darin die eigentliche 'johanneische' Übersetzung des Wortes 'pastoral' gesehen.

44 Hebblethwaite, 561.

45 K. Rahner, Das Konzil - ein neuer Beginn, Freiburg 1966, 14.

Einige Einsichten und Impulse des Konzils

46 Darüber informieren Otto Hermann Pesch, Das Zweite Vatikanische Konzil,(1962 -1065), Würzburg 1993 und das große von G. Alberigo herausgegebene Werk: Geschichte des Zweiten Vatikanischen Konzils (1959-1965), dessen deutsche Ausgabe, hg. v. K. Wittstadt und G. Wassilowsky, bisher in 4 Bänden vorliegt, Mainz 1997 - 2006.

Gute Einblicke vermitteln die von dem als „geheimnisvollen" Journalisten tätig gewesenen Redemptoris-tenpater F. X. Murphy unter dem Pseudonym Xavier Rynne verfassten Berichtbände zu den 4 Sitzungsperioden, Köln 1964-1967. Aus der Sicht der Konzilsminderheit hat Ralph Wiltgen SVD den Konzilsverlauf beschrieben:

Der Rhein fließt in den Tiber, Feldkirch 1988. Im Rückblick nach 40 Jahren trägt das dazu erschienene Sonderheft der Herder Korrespondenz, Oktober 2005, den bezeichnenden Titel: Das unerledigte Konzil.

47 Pesch, 55.

48 Hebblethwaite, 413.

49 Pesch, 50-54; Alberigo-Wittstadt I,1-60.

50 Pesch, 148-160.

51 Pesch, 52.

52 Enzyklika „Redemptor hominis", Nr.6.

53 Schlussdokument, in: Zukunft aus der Kraft des Konzils,

Freiburg 1985, 19-45, die zitierten Worte 45.

54 Dieser „Fortschritt" betrifft auch solche Elemente im Verstehen des Glaubens, die bisher als unveränderlich betrachtet wurden. Aufschlussreich hierzu sind die Unterschiede zwischen der früheren italienischen und der späteren lateinischen Fassung der Ansprache Papst Johannes XXIII. zur Eröffnung des Konzils, insofern sich in der letzteren der Versuch zeigt, die Aussagen abzuschwächen bzw. in „geläufige lehrhafte Formeln umzugießen". So wird in der italienischen, von Papst Johannes als ursprünglich in Anspruch genommenen Fassung gesagt: „Denn eines ist die Substanz der tradierten Lehre, d.h. des *depositum fidei*, etwas anderes ist die Formulierung, in der sie dargelegt wird." In der lateinischen Fassung ist zu lesen: „Denn etwas anderes ist das *depositum fidei* oder die Wahrheiten, die in der zu bewahrenden Lehre enthalten sind, und etwas anderes ist die Art und Weise, wie sie verkündet werden, *freilich im gleichen Sinn und derselben Bedeutung* (Hervorhebung: S. H.)." Vgl.

Kaufmann/Klein, 136f. Die Pastoralkonstitution hat an der einzigen Stelle, wo die Eröffnungsansprache des Papstes zitiert wird (GS 62), diesen Passus aus dem lateinischen Text übernommen.

Das ist zu bedauern, weil hier die lateinische Fassung „am wenigsten der Aussageintention des Papstes" und seinem lebenslangen Bemühen um ein authentisches Glaubensverständnis entspricht, wie es in der Tagebucheintragung vom 16. Januar 1903 schon deutlich wird, in der sich die Einsicht anbahnt, schärfer als es „geläufigen lehrhaften Formeln" entspricht, im Glauben dessen „Substanz" von allem Veränderlichen unterscheiden zu müssen,

vgl. Kaufmann/Klein, 114.

Diesem Bemühen des Papstes und damit auch dem Werden seines Begriffs vom „Aggiornamento" ist F. M. Willam nachgegangen:

Vom jungen Angelo Roncalli(1903-1907) zum Papst Johannes XXIII. (1958-1963), Innsbruck 1967. - Angesichts der mit der Geschichtlichkeit von Glaubenserkenntnis und Glaubensbewusstsein gegebenen Problematik, zwischen „Substanz" und Wandelbarem zu unterscheiden, muss die traditionelle Lehrformel, die von einem „immer gleichen Sinn und derselben Bedeutung" bestimmter Glaubensaussagen spricht (I.Vaticanum, DH 3020, dort zitiert aus Vinzenz von Lerin, Commonitorium c,25), als

„ein Satz des Glaubens und der Hoffnung" verstanden werden, der nur „bis zu einem gewissen Grad geschichtlich verifiziert, d.h. plausibel gemacht werden kann". K. Rahner, Grundsätzliche Bemerkungen zum Thema: Wandelbares und Unwandelbares in der Kirche, Schriften X, Zürich 1972, 241-261, 251.

Vgl. zu dieser Frage auch die Erklärung der Glaubenskongregation „Mysterium Ecclesiae" v. 24.6.1973, Art.5, DH 4539.

55 Ein Paradebeispiel für Wandlungen - auch für „Vergessen" - im Glaubensverständnis und im kirchlichen Leben bietet die Geschichte des Bußsakramentes. Vgl. K. Rahner, Vergessene Wahrheiten über das Bußsakrament, Schriften II, Einsiedeln 1955, 143-183.

56 Hebblethwaite, 596.

57 „Wichtig ist..., dass das Voranschreiten des Wortes in der Zeit der Kirche nicht einfach als eine Funktion der Hierarchie angesehen wird, sondern im gesamten Lebensvollzug der Kirche verankert erscheint:

Durch ihn wird da und dort das Ungesagte im Gesagten vernehmbar; die gesamte geistliche Erfahrung der Kirche, ihr glaubendes, betendes, liebendes Umgehen mit dem Herrn und seinem Wort lässt das Verstehen des Ursprünglichen wachsen und entbindet im Heute des Glaubens aus dem Gestern seines geschichtlichen Ursprungs neu das allzeit Gemeinte und doch nur in den wechselnden Zeiten und auf ihre Weise zu Verstehende. In diesem Verstehensvorgang, der die konkrete Vollzugsweise der Überlieferung in der Kirche darstellt, bildet der Dienst des Lehramtes eine Komponente (und zwar, von seinem Sinn her, eine kritische, nicht eine produktive); aber er ist nicht das Ganze." LThK, Das Zweite Vatikanische Konzil, II, Freiburg 1967, 504-528, 520.

58 Noch in der nach dem Konzil überarbeiteten Auflage eines klassischen dogmatischen Lehrbuchs ist zu lesen: „Eine unverschuldete und unüberwindliche Unwissenheit bezüglich des Daseins Gottes ist wegen der in der Hl. Schrift und in der Tradition bezeugten Leichtigkeit der natürlichen Gotteserkenntnis bei einem normal entwickelten erwachsenen Menschen für längere Zeit nicht möglich".

L. Ott, Grundriss der katholischen Dogmatik, Freiburg [8]1990,90.

59 Vgl. W. Kern, Außerhalb der Kirche kein Heil? Freiburg 1979.

60 H. U. v, Balthasar, Kleiner Diskurs über die Hölle. Apokatastasis, Ostfildern 1987, Neuausgabe Einsiedeln 1999; K. Rahner, Hinüberwandern zur Hoffnung. Grundsätzliches über die Hölle, Entschluss 39(1984) Heft 2, 7-11.

61 Joseph Ratzinger, LThK, Das Zweite Vatikanische Konzil III, Freiburg 1968, 338.

62 Kardinal Bengsch hat in der Schluss-abstimmung über die Pastoralkonstitution am 7.12.1965 mit Nein gestimmt und die Gründe für diese Ablehnung Papst Paul VI. dargelegt. Dementsprechend wurden wichtige Aussagen dieser Konstitution im Bereich der katholischen Kirche in der DDR nicht in die Glaubensverkündigung und die Pastoral aufgenommen. Vgl. die Notiz in dem vom Bischöflichen Ordinariat Berlin(West) herausgegebenen.

Buch: Alfred Bengsch, der Kardinal aus Berlin, Berlin(West),1980, 67. - Kardinal Wyszynski hielt die Erklärung des Konzils zur Kirche als „semper purificanda" (Kirchenkonstitution 8) für gefährlich und den Interessen der polnischen Kirche zuwiderlaufend.

Er ließ sie deshalb aus Übersetzungen der Konzilstexte und aus Kommentaren tilgen.

Vgl. P. Hebblethwaite, Kann die polnische Kirche ein Modell für die Gesamtkirche sein? Concilium 17(1981)34-41.

63 Zu einer solchen Akzeptanz erklärte sich Erzbischof Lefèbvre bereit, der schon während des Konzils diese Formel prägte. Aber auch Papst Johannes Paul II. erklärte am 6.11.79 vor dem Kardinalskollegium sein Programm innerhalb der unverkürzten Lehre des Konzils, das er „im Lichte der Tradition" auslegen wolle („quatenus intelligitur sub sanctae Traditionis lumine et quatenus ad constans ecclesiae ipsius magisterium refertur").

Vgl. D. Menozzi, Das Antikonzil (1966-1984), in: Die Rezeption des Zweiten Vatikanischen Konzils, hg. v. J. Pottmeyer u. a., Düsseldorf 1986, 403-431, 4.27.

64 Angelo Roncalli hatte schon in der Neujahrsbotschaft an Charles de Gaulle am 31.12.1945 diesen „berühmten Aphorismus" erwähnt, „der die Kennzeichen jeder guten sozialen

Ordnung wundervoll zum Ausdruck bringt". Johannes XXIII., Erinnerungen eines Nuntius, Freiburg 1965, 13f. In der Pastoralkonstitution 92 wird er nochmals mit Verweis auf die Enzyklika „Ad Petri Cathedram" genannt. Zu seiner Herkunft von dem Augsburger evangelischen Theologen Petrus Meuderlinus (17.Jhdt) vgl. G. Büchmann, Geflügelte Worte, Frankfurt/Berlin [39]1993, 356f.

65 K. Rahner, Kirchliche Wandlungen und Profangesellschaft, Schriften XII, Zürich 1975, 513-528, 527.

66 Zur Frage nach dem „Fundament" christlichen Glaubens: K. Rahner, Theologie und Anthropologie, Schriften VIII, Einsiedeln 1967, 43-65, hier 53; ders., Worin besteht der lebendige Kern des christlichen Glaubens?, in: ders., Wagnis des Christen, Freiburg 1974, 41-49.

67 Vgl. W. Beinert, Art. Fundamentalismus I, II, IV, V in: LThK 4, Freiburg, [3]1995, 224-226; ders., „Katholischer" Fundamentalismus,

Regensburg 1991; Peter Hertel, Glaubenswächter, Würzburg 2000 - Zur Geschichte des Christentums „zwischen Bibel und Schwert":

A. Angenendt, Toleranz und Gewalt, Münster [2]2007.

Von neuem das Antlitz des lebendigen Gottes suchen

68 K. Lehmann, Das II.Vaticanum - ein Wegweiser. Verständnis - Rezeption - Bedeutung, in: Das Zweite Vatikanische Konzil und die Zeichen der Zeit heute, hg. v. P. Hünermann, Freiburg 2006, 11-26, 24f.

69 Hirtenbrief zur Österlichen Bußzeit 1991. Im Hirtenbrief zur Österlichen Bußzeit 1992 hat Bischof Wanke erneut an den „schleichenden Atheismus in den eigenen Reihen" erinnert.

70 Eine Studie zur kirchlichen Situation wurde im Bereich der Berliner Bischofskonferenz im Frühjahr 1989 in Auftrag gegeben. Vgl. hierzu: S. Hübner, Gott von neuem suchen und finden. Die eigentliche Aufgabe für den Christen von heute und morgen, in:

Die ganz alltägliche Freiheit, hg. v. C.-P. März, EThSt 65, Leipzig 1993, 69-84,70 Anm.3.

71   Vgl. z.B. den Abschnitt „Die Hölle in der Marienapokalyptik am Beispiel Fatima", in:

H. Vorgrimler, Geschichte der Hölle, München 1993, 406-416; den Abschnitt „Das Geheimnis Karol Wojtyłas" in: A. Englisch, Johannes Paul II., München 2003, 356-367, 358f.

Zu Problemen auf „höherer" kirchlicher Ebene: U. Niemann, Das Böse und die Psychiatrie.

Zur Diskussion über Besessenheit und Exorzismus, HerKorr 60(2006), 119-123; auch die kritische Anfrage Bruno Primetshofers:

Die Wunder bei Selig- und Heiligsprechungen, Orientierung 70(2006), 95f.

72 E. Przywara, Alter und Neuer Bund, Wien 1956, 66f.; H. U. v. Balthasar, Die Gottesfrage des heutigen Menschen, Wien 1956,144; J. Ratzinger, Vorlesungsnachschrift „Ekklesiologie" im SS 1965, Münster, 115-120; K Rahner, Sämtliche Werke 19, Freiburg 1995, 62f.

Die in der ersten Auflage des HPTh I nur „angemerkte" Äußerung ist in der zweiten Auflage in den Text aufgenommen worden.

73 Zum Verhältnis Glaube-Liebe vgl.

K. Rahner, Über den Begriff des Geheimnisses in der katholischen Theologie, Schriften IV, Einsiedeln 1960, 51-99, hier 59-62; die Gedanken K. Rahners zusammenfassend auch S. H: Gott - „das letzte Wort vor dem Verstummen", in: Von Gott sprechen, Pastoralkatechetische Hefte 54, Leipzig [2]1991, 133-171, hier 148f.

74 Augustinus, Sermo 117, c.3 n.5, ML 38,663: „De Deo loquimur: Quid mirum si non comprehendis?

Si enim comprehendis non est Deus... Attingere aliquantum mente Deum magna perfectio est, comprehendere autem omnino impossibile." Zitiert nach PSJ, Sacrae Theologiae Summa II, Madrid 1952, 59. Papst Benedikt XVI. zitiert das Wort in der Enzyklika „Deus caritas est", Nr.38. Als Quelle ist (Anm.35) angegeben: Sermo 52,(6),16, PL 38,360. Vgl. auch KKK, 230.

75 Konzilserklärungen zur Unbegreiflichkeit Gottes 1.Vatikanum DH 3001; IV. Lateran-Konzil DH 806.

76   K, Rahner, Warum lässt Gott uns leiden?, Schriften XIV, Zürich 1980, 450 - 466.

Vgl. auch die frühe eindringliche Fassung die-ser Gedanken in den in München (St. Michael) 1946 gehaltenen Fastenpredigten: Von der Not und dem Segen des Gebetes, Innsbruck 1949, hier „Das Gebet der Not", 78-94.

77   Das viel zitierte Wort in: Augustinus, Bekenntnisse, 3, 6, 11: „Du aber warst noch innerer als mein Innerstes und höher noch als mein Höchstes."

78 Nikolaus v. Kues, Excitationes, 1, 3, Opera, Basel 1565, 411 - 412; zitiert in: H. de Lubac, Katholizismus als Gemeinschaft, Einsiedeln 1943, 404f.

79 H. U. v. Balthasar: Die Passion des Wortes, in: Das Ganze im Fragment. Aspekte der Geschichtstheologie, Einsiedeln 1963, 298-308; E.Biser, Die glaubensgeschichtliche Wende, Graz 1986, 104f., 185, 214, 260; J.B. Metz, Memoria passionis. Ein provozierendes Gedächtnis in pluralistischer Gesellschaft, Freiburg 2006, 100-102; J. Moltmann, Theologie der Hoffnung, in: Entwürfe zur Theologie,

hg. .v. J. B. Bauer, Graz 1985, 235-257, hier 243f. Vgl. auch den Abschnitt: Der Tod Jesu - Quelle und Gipfel allen Verstehens der Wirklichkeit Gottes, in: S. H: Gott von neuem suchen und finden.

Die eigentliche Aufgabe des Christen von heute und morgen, in: Die ganz alltägliche Freiheit. Christsein zwischen Traum und Wirklichkeit, hg. v. C.- P. März, EThSt 65, Leipzig 1993, 69-84, hier 78-80; dort 70 Anm. 3 auch Verweis auf H. Schürmann, Zukunfts-weisende Erfahrungen der Kirche und Christen im Herrschaftsbereich des atheistischen Staatssozialis-mus, GuL 64(1991) 142-153.

80   K. Rahner, Ich glaube an Jesus Christus, Theologische Meditationen, hg. v. H. Küng, 21, Einsiedeln 1968, 64f.

Zum Autor

Dr. theol. Siegfried Hübner, (1923 - 2017), war in der Zeit der DDR Studentenpfarrer in Erfurt und Weimar, Pfarrer in Pirna und Dozent für Dogmatik am Philosophisch-Theologischen Studium Erfurt. Viele Jahre gab er das von der Zensur nicht nur kritisch überwachte, sondern zuweilen behinderte „Theologische Jahrbuch" heraus, das nicht nur katholischen Theologen in der DDR half, im Kontakt mit der Theologie der Weltkirche zu bleiben. Auch nach seiner Emeritierung (1988) blieb er ein gesuchter Referent bei theologischen Tagungen oder in Studentengemeinden.

Er nimmt zu den aktuellen theologischen Problemen in der Weise Stellung, dass er die wichtigste Frage, die es unter Christen gibt, immer aufs Neue ins Zentrum des Glaubens rückt: die Frage nach dem unergründlichen Geheimnis, das wir „Gott" nennen.